唐　亮
Tang Liang

現代中国の政治

――「開発独裁」とそのゆくえ

岩波新書
1371

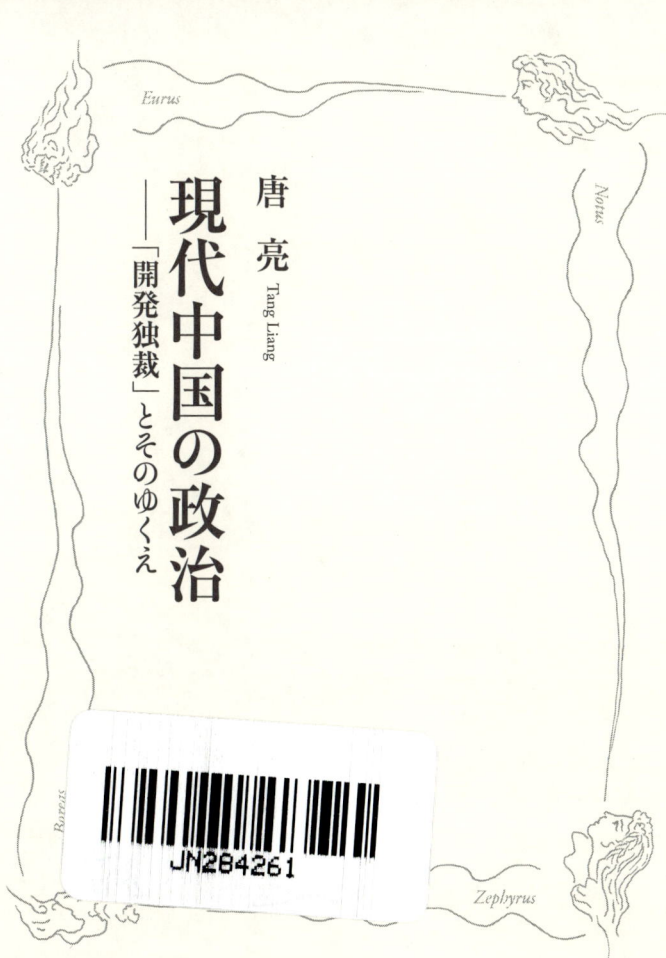

はじめに――中国の政治変容をどう見るか

中国はいま、大きな転換点にさしかかっている。

一九八〇年代に始まった「改革開放路線」は一党支配体制を温存しながら、市場メカニズムの導入によって近代化を進めてきた。人々の欲望が解放され、それが経済発展の巨大なエネルギー源になり、中国は三〇年以上にわたって年平均九%以上の成長率を保ってきた。ＧＤＰ(国内総生産)が二〇一〇年には世界第二位に躍り出て、国民の生活は貧困から脱出し、裕福な中間層が拡大しつつある。

変化は決して経済の発展に止まらない。共産党はイデオロギー型、階級の政党からプラグマティズム型、国民の政党へと脱皮しつつある。政治運営は集団指導や制度化が進み、従来以上に民意を取り入れようとしている。国家に対する経済的自立性が強まり、それが政治的自立性の向上にも寄与している。情報化や自由化、価値の多様化が緩やかに進み、国民は国家に対し利益要求や異議申し立てを強め、市民社会は徐々に活発な動きを見せている。

他方、効率最優先の開発路線や権威主義政治が深刻な問題を抱えているのも事実である。貧富の格差が「危険水域」にまで拡大し、弱者は必ずしも十分に経済発展の成果を享受していない。政治腐敗は段々と深刻化し、幹部の特権も目に余る。国民の要求は生活の改善から社会的平等や政治的自由へと拡大してきたが、関連制度の整備は必ずしも人々の権利要求に対応しきれず、社会衝突が頻発している。民主化はいまだに着手されておらず、国家による人権侵害の事件がしばしば発生している。

このような中国政治の現状をどのように捉えたらよいのであろうか。そもそも中国における一党支配の権力構造はいかなる特徴をもつか。開発の政治はどのように展開されているか。中国はどこへ向かっているか。民主化の展望は果たして開かれてくるか。本書は現在の中国の近代化戦略を「開発独裁路線」と位置付け、政治体制の構造的な特徴や政治変動のダイナミズムを捉えてみるものである。

本書のキーワードでもある開発独裁路線とは、市場志向の経済政策と権威主義体制の結合を特徴とする。具体的には、政府は経済成長を最優先課題として掲げると同時に、求心力の維持や社会秩序の安定が欠かせないとして、権威主義体制による自由と権利の制限を正当化しようとする。開発独裁路線は明らかに自由経済と民主主義体制を特徴とする欧米型の近代化路線とは違うし、また、統制経済と全体主義体制を特徴とする社会主義型の近代化路線とも違う(図)。発展途上国にとって、近代化の実現は政治、経済、社会、文化というあらゆる領域における

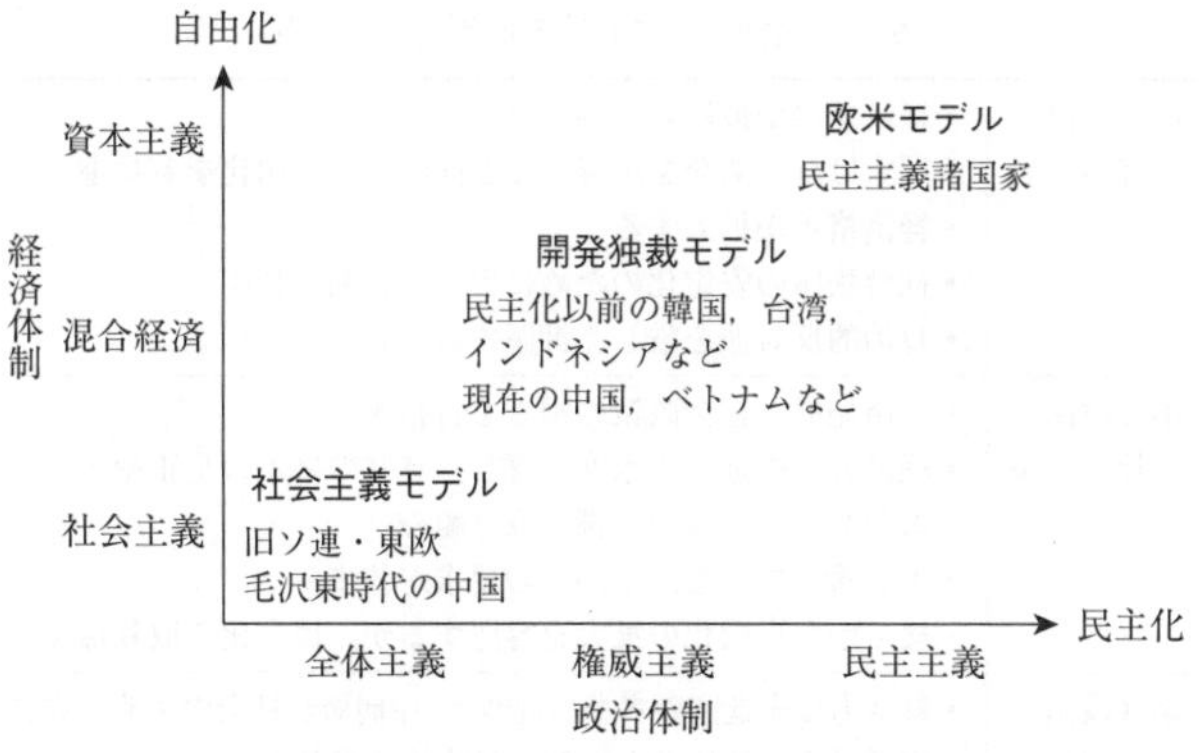

図　近代化の３つのモデル

抜本的な転換を必要とし、きわめて長期的な過程となる。韓国や台湾などの経験からすれば、開発独裁路線の下では、近代化の過程は段取りを踏んで進む場合、大まかに次の三段階に分けられる。それぞれの段階で、社会を取り巻く環境も違えば、近代化の課題も違ってくる(表)。

第一は、経済発展最優先の段階である。近代化のスタートが遅ければ遅いほど、国民の大多数は貧困からの脱出を強く求め、経済発展によってパイを大きくすることが何よりも先決となる。そして、権威主義政権は経済発展を国家目標として掲げ、また社会秩序の安定化を経済発展の前提とし、自由と権利の制限を正当化しようとする。この段階では、経済発展の実績は、権威主義政権が支配の正統性を調達する主要な手段となる。

第二は、社会政策強化の段階である。政治と経済の

表　開発独裁下における近代化の３段階

第１段階 経済発展	• 経済発展が最優先の国家目標 • 国家は経済開発を主導すると同時に，自由化をも推進 • 経済格差が拡大する • 社会秩序の安定化のために自由と権利を制限 • 政治的反対派を厳しく抑圧する
第２段階 社会政策	• 経済発展と社会政策の両立を目指す • 経済力は中進国の水準に達し，貧富の格差の是正やミニマム公共サービスの整備に取り組む • 中間層が拡大し，下からの要求が強まる • 緩やかな自由化の拡大を容認するが，民主化を取り締まる
第３段階 民主化	• 経済力は先進国の水準に近づき，中間層が社会の主流に成長 • 市民社会が成熟化し，政治的自由や参加を強く求める • 体制内にも民主化に賛成する勢力が力を増す • 民主化運動が高揚する

運営がうまく嚙み合い、国民経済が後進国から中進国へと前進していくと、より多くの人々が貧困から脱出し、生活に徐々に余裕が生まれ、教育やメディアが普及する。その過程で、人々の関心や要求は経済発展から貧富の格差の是正、環境保護、公共サービスの充実化などへと拡大してくる。新たな期待と要求に応えるために、近代化路線も経済発展と社会政策との両立、効率と平等との両立へと切り替えざるをえなくなる。

第三は、民主化推進の段階である。産業の高度化や社会保障の整備が進むにつれて、豊かな生活はもはや目標でなく、当たり前のように受け止められる。また、中間層は社会の一部から主流へと成長する中で、政治に対する自信を深め、いままで以上に政治的自由と権利の拡大を強く求めるようになる。さらに、近代化の第一段階と第二段階では、権威主義体制が政治的主導権を握るが、第三段階では社会の力が強まってくる。それは、民主化が盛り上がる前提条件にもなる。

さて、以上の整理に照らすと、現在の中国はどのように描けるであろうか。一九四九年の建国以後、毛沢東時代の社会主義建設は大きく挫折した。一九八〇年代以降、中国の近代化路線は社会主義型から開発独裁型への転換が行われた。市場メカニズムの導入や民営化の推進によって、経済体制は統制型から混合型へと変わってきた。また、脱個人崇拝や脱イデオロギー、緩やかな自由化が進んだ結果、政治体制も全体主義から権威主義へと変容を遂げてきた。開発独裁路線の下で、中国は急速かつ持続的な経済成長を保ち、いまや近代化の第二段階を迎えているといえるだろう。

中国政治の構造的な特徴や変化のダイナミズムを析出しようとするものとして、各章は次のような問いをめぐって構成されている。

第一章は、「一党支配と開発独裁路線」である。中国の政治権力はどういう仕組みとなっているか、共産党はいかに国家機関や軍隊、社会を統制しているか、改革開放時代では、脱イデオロギーはどのように進み、派閥間の力学や政治運営がいかに変化してきたか、権威主義体制は経済発展の過程でいかなる役割を果たし、またどんな変容を遂げようとしているのかを分析したい。

第二章は、「国家制度の仕組みと変容」である。人民代表はどのように選ばれるか、党の執行部はいかに選挙の結果を操作し、人民代表大会の活動を統制しているか、行政制度はいかに規制型、統制型、開発型から開放型、参加型、サービス型へと変わろうとしているか、「党治」「人治」とは何か、「法治国家」の建設はどのように行われているか、政治の介入と司法の独立との関係をどう見るかを考えたい。

第三章は、「開発政治の展開」である。開発最優先の政策は何を背景として導入されたか、貧富の格差の拡大や不平等な問題はどのように生じてきたか、人々の権利意識はいかに高まってきたか、集団抗議活動は中国政治にいかなるインパクトを与えようとしているか、中国政府はどのように開発一辺倒の路線を修正し、ミニマム公共サービスを整備しようとしているかを考察したい。

第四章は、「上からの政治改革」である。中国の政治改革戦略はいかなる特徴をもつか、改革をめぐる政治的力学がどのように展開されてきたか、「中国式民主主義」は何を目的に、いかなる論理構成となっているか、緩やかな自由化は一党支配体制の下でもなぜ可能となるかを分析したい。

第五章は、「下からの民主化要求」である。台頭しつつある中間層はいかなる政治意識をもって参加活動を展開しているか、彼らは将来的に果たして中国の民主化の担い手となりうるか、市民社会はいかなる動きを見せているか、低調期における民主化運動のとりうる路線とは何か、反体制活動家やリベラルな知識人は言論空間を広げるために、どのような「闘い」を展開しているかを取り上げる。

そして、「おわりに」では、民主化の「軟着陸」と民主主義体制の「定着」が高度な経済社会的な条件を必要とすることを確認したうえで、中国の近代化第二段階の取り組みがいかなる意味で民主化の「軟着陸」の環境整備と重なっているか、その行方がどのように中国の民主化のシナリオを左右していくかを展望してみよう。

目　次

第一章　一党支配と開発独裁路線

発展途上国にとって、国家の近代化とは、政治、経済、社会、文化の「つくり直し」である。キャッチアップ型の近代化を成功させるためには、強い国家の確立がきわめて重要とされている。長期的な近代化の過程で変革の方向性を示し、保守勢力の抵抗を押し切り、さまざまな混乱を乗り越えるためには、国家が変革の意思をもつと同時に、強い政治的求心力や政策の実施能力をもたなければならないというのがその理由とされる。

中国は一八四〇年のアヘン戦争に衝撃を受け、一八五〇年代の洋務運動から近代国家の建設に取り組んできたが、政治的求心力の低下と喪失で挫折をくりかえしてきた。一九四九年以降、中国共産党は国共内戦の勝利によって国家の統一を実現し、また、一党支配体制の下で強力な党国家を確立した。

しかし、強い国家の確立はあくまでも近代化の前提条件の一つにすぎないのも事実である。毛沢東時代には、経済体制の欠陥やガバナンス能力の不足が原因で、社会主義建設は期待されるほど成果を上げることができなかった。一九八〇年代以降、中国は一党支配を維持しながら、市場メカニズムの導入や制度改革によって経済の活性化や効率の向上を図り、初めて近代化の推進を軌道に乗せることができた。だが、政治上、緩やかな自由化が進んだものの、民主化という政治的近代化は未着手のままである。

以下、毛沢東時代から改革開放時代への転換を踏まえながら、一党支配の権力構造や中国式の開発独裁路線の特徴について考えていこう。

1　一党支配体制と強い国家

共産党の組織構造と中央集権体制

一九四九年以降、共産党は中国の政治権力を独占してきた。党の執行部がどのように国家機関や軍隊、社会団体を統制・指導しているかを述べる前に、まず共産党の組織構造から見ていくことにしよう(図1-1、1-2)。

建国以降、共産党は行政区画に沿って、中央から地方(省・自治区・直轄市→市(地区級)・地区→県・市(県級))、さらには基層社会(郷鎮→村・街道→社区)に至るまで、党の執行部を作っている。各級の党の執行部、とくに党中央は政治、行政、経済、社会、文化などのあらゆる分野に対し、重要政策の決定を下し、組織統制や人事任免を中心に国家機関を掌握している。党が全国規模で根を下ろすのと同時に、国家をも厳しく統制しているのである。

党の執行部は建前では党員代表によって選ばれるが、選挙制度などは必ずしも民主的でない。

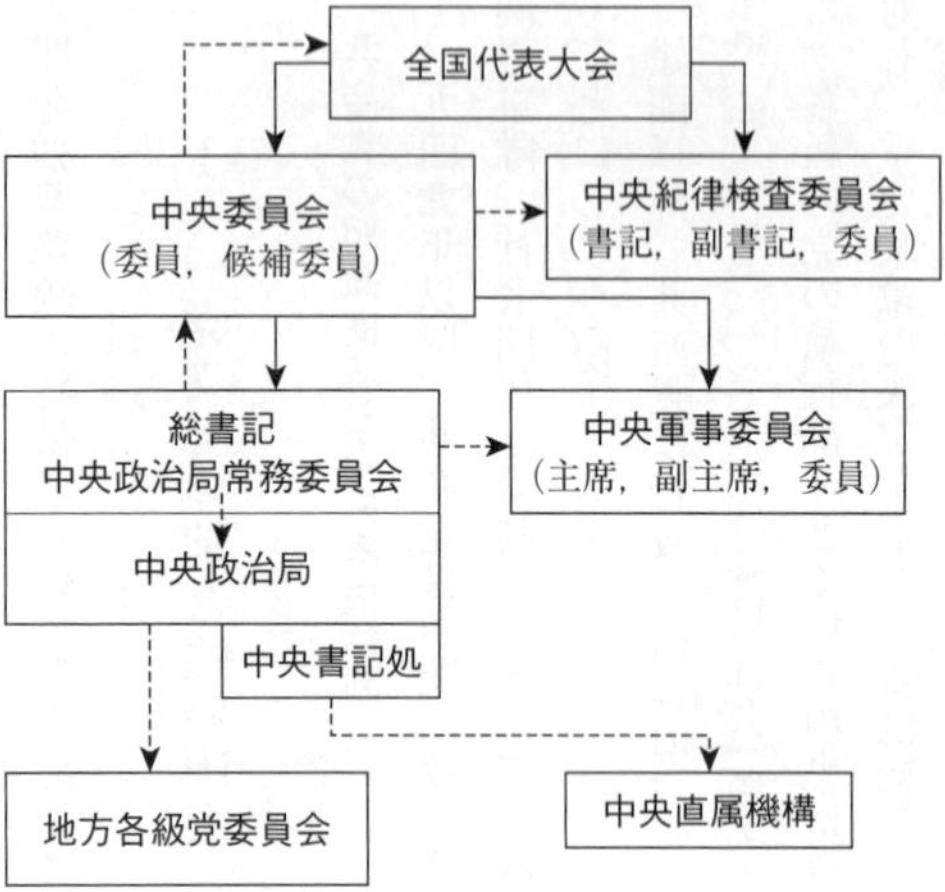

注1：←─ は選出を意味する．
←-- は人事任免権や政治的イニシアチブを含む実質的な指導権を意味する．

注2：第17期中央政治局常務委員(9名)
胡錦濤，呉邦国，温家宝，賈慶林，李長春，習近平，李克強，賀国強，周永康
中央政治局委員(25名)
常務委員9名のほか，王剛，王楽泉，王兆国，王岐山，回良玉，劉淇，劉雲山，劉延東，李源潮，汪洋，張高麗，張徳江，兪正声，徐才厚，郭伯雄，薄熙来(2012年4月に失脚)
中央書記処(7名)
胡錦濤(総書記)，習近平(常務書記)，劉雲山，李源潮，何勇，令計画，王滬寧

図1-1　共産党の指揮命令系統

党内運営は事実上トップダウン型である。党の規約によると、党員個人は党の組織に従い、少数は多数に従い、下級組織は上級組織に従い、全党の各組織とすべての党員は党中央に従わなければならない。

党中央は重要政策の決定権をもつ。各部門や各地方の党組織は党中央に対し政策提案を行い、反対意見を述べることはできるが、党中央の決定と違う主張を公に発表してはならないとされている。いわば「鉄の紀律」である。

選挙権の行使や世論への訴えは、党員や下級機関の力の源泉である。しかし、選挙権が空洞化し、反対意見を公表する権利が厳しく規制される中で、下からの反対意見は容易に黙殺される。なぜならば、上級機関が人事権を握っているからである。上級機関の意向に従わず、降格や除名などの厳しい処分を受けると、幹部は出世の道を絶たれ、場合によっては政治生命を失う恐れがある。

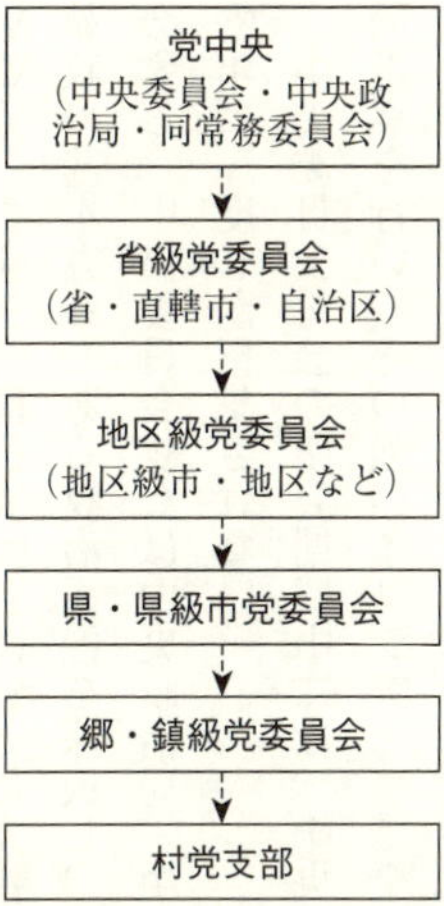

図 **1-2**　共産党の各級党委員会

党中央は全国代表大会、中央委員会、中央政治局とその政治局常務委員会から構成されるが、ここでも、トップダウン型の政治運営が特徴的である（図1-1）。順に見ていこう。まず、全国代表大会は党の最高指導機関とされるが、五年に一度しか開催されない。執政の基本方針である政治報告を採択し、中央委員会や中央紀律検査委員会などを選出し、閉会する。中央委員会総会は中央政治局、中央政治局常務委員会、総書記などを選出するが、通常年に一度しか招集されない。

中央委員会総会の閉会期間中には、中央政治局、とくにその常務委員会が党中央の名義で政治指導を行い、その強いイニシアチブで全国代表大会の政治報告、中央委員会総会の決議案、重大人事の任免案を作成する。全国代表大会、中央委員会総会はほとんど大きな修正をせず、その提案を採択することになる。中央政治局はほぼ月に一度の会議を開催し、重要方針を討議、決定する。中央政治局常務委員会は日常的な政治指導や重大な突発事件の対応を行うほか、政治局会議に対してイニシアチブを発揮している。

現在の第一七期中央政治局常務委員会は九名から構成されている。総書記、全人代委員長、国務院総理、政治協商会議主席、中央書記処常務書記、国務院常務副総理、中央紀律検査委員会書記、中央政法委員会書記がそれを兼任する。中央政治局委員は二五名である。政治局常務委員九名のほか、国務院副総理・国務委員が四名、中央軍事委員会の専属副主席が二名、全人代副委員長一名、全国政治協商会議副主席一名、中央組織部長、中央宣伝部長、四つの直轄市、広東省、新疆などの党書記が選ばれた。

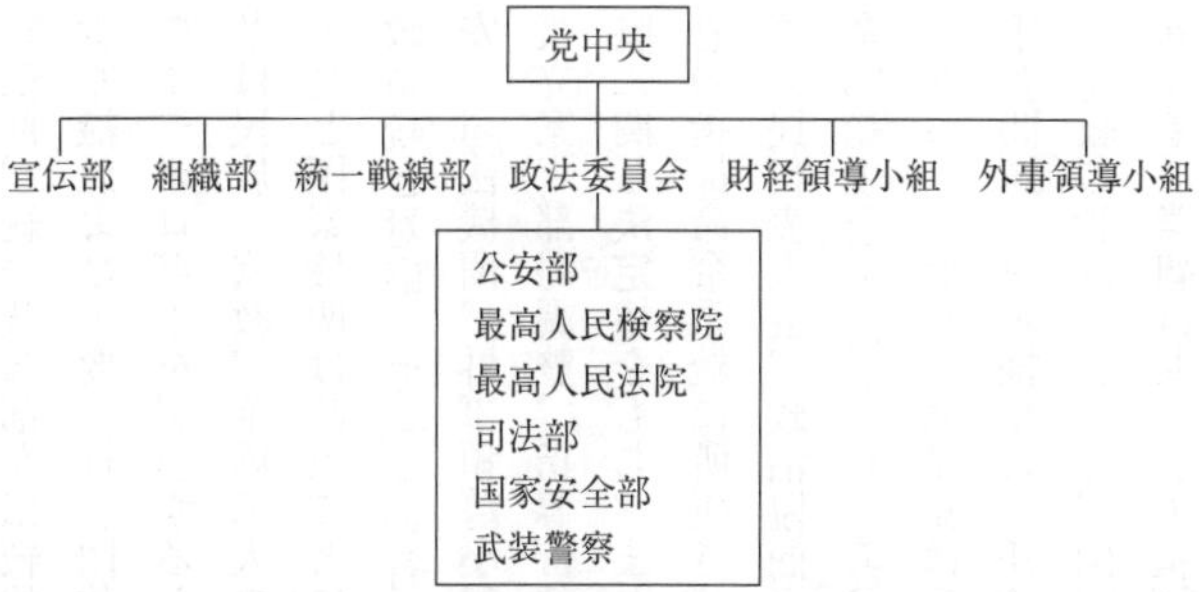

図 1-3　党の事務機構の担当分野（中央政法委員会のみ詳しく示した）

総書記は中央政治局、中央政治局常務委員会、中央書記処の会議を主宰し、会議の招集、議題の設定、重要人事の任免に関しイニシアチブを発揮する。中央書記処の常務書記は事実上党務活動を担当し、総書記を補佐する。中央書記処が中央政治局とその常務委員会の指導下で人事、イデオロギー、党中央の重要会議の議題整理などの実務処理を担当する。

要するに、中国共産党の権力の実質的な中核は中央政治局とその常務委員会であり、その決定がトップダウン式に全国の党組織に下ろされることになる。常務委員の九名が中国を動かしているなどと言われるのはそのためである。なお、地方の党の執行部の構成や運営は基本的に党中央に準ずるものとなっている。

国家機関に対する統制

各級の党の執行部、とりわけ党中央は数多くの事務機構を設立し、自らの指導活動を補佐させている（図1-3）。組織部、宣伝部、統一戦線部が伝統的に三大党務機構と言われている。そのうち、中央組織部は党員、党組織および主要な社会団体の管理、幹部の管理で党中央を補佐する。中央宣伝部は党の宣伝やイデオロギーを担当すると同時に、マスメディアおよび文化活動を統括する。中央統一戦線部は民族、宗教、華僑華人の事務を所掌し、関連機関を指導・統制する。

党と国家機関は政策ごとに対応関係にある。三大党務機構のほかに、各級の党の執行部は行政系統と対応して「党の行政担当機構」(対口部)を設けている。中央の場合、政法委員会は治安・司法機関、外事領導小組は外交部などの対外部門、財経領導小組は経済官庁を担当し、政策立案、部局調整、指導幹部の任免などで党中央を補佐する。なお、党中央は機構の設置と撤廃に関し決定権をもち、また状況に応じて特定の機構を党の指揮命令系統に所属させたり、政府の指揮命令系統に所属させたりすることもできる。

人民代表大会、政治協商会議(決定権をもたない国家諮問機関)、政府や裁判所などの国家機関、全国総工会(全国労働組合)などの社会団体は、いずれも形の上では共産党の組織とは別のものである。しかし、共産党はこうした非中共組織の中に党組と名乗る共産党の執行部をつくり、重要問題の決定権や人事任免権を握っている。

党組の設置によって、国家機関や主要な社会団体には事実上二つの看板と指揮命令系統が存在する。党組は共産党の指揮命令系統下に置かれ、実際上、最高意思決定機関として機能する。

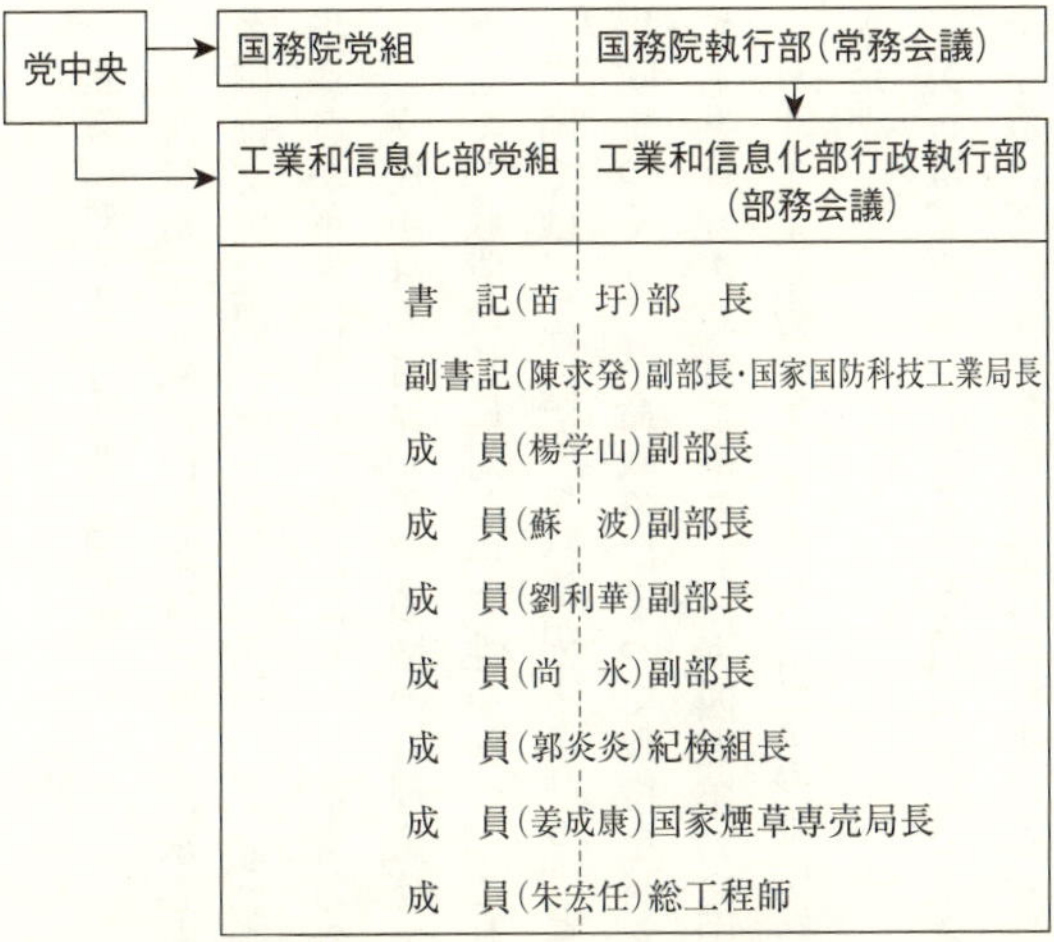

出所：工業和信息化部ホームページをもとに作成

図 1-4　国務院工業和信息化部と党との関係

国家機関、社会団体などの執行部は表の看板であり、主として党組の決定を実行する。こうしてすべての国家機関、主要な社会団体は共産党の統制下に置かれている。また、党組の構成員が行政執行部とほとんど同じであるために、二つの指揮命令系統が衝突することはない。

国務院工業和信息化部を例に挙げよう(図1-4)。行政執行部と党組の構成員はまったく同じである。そのうち、行政首長の部長は党組の書記、副首長の常務副部長は副書記を兼任している。党組はその構成員が党中央によって直接任免され、党中央の指導下に置かれる。行政執行部はその構成員が全国人民代表大会(全人代)、国務院の任免手続きをも必要とし、国務院の指揮命令系統下に置かれている。

軍隊に対する共産党の指導権

軍隊に対する政治的統制は、政治的求心力の維持や政局の安定にかかわる問題である。欧米各国は文民統制(シビリアン・コントロール)を採用している。すなわち、国民から選ばれた政治指導者が軍隊に対して優位に立ち、軍事力の行使、予算、人員、緊急権などについて統制を行い、文民出身の官僚が軍事領域の管理業務を担う。軍隊は安全保障に専念する職業的軍事集団として、政党政治に対し中立性を保つ。これが民主主義国家における軍のあり方である。

中国では、「鉄砲から政権が生まれる」という毛沢東の言葉が示すように、共産党が自らの軍隊をつくり、革命戦争によって政権を勝ち取った。したがって、中国の軍隊とは現在においても共産党の軍隊である。一九四九年の建国以後、共産党はことあるごとに「党指揮槍」(軍隊に対する党の指導権)を強調し、以下の制度によって軍隊に対する党の統制力、指導力を保ってきた。

第一は、軍隊における党委員会制度である。共産党は小隊以上すべての軍組織の中に党委員会を設けている。党委員会は党中央の指示に従って活動し、所属する部隊のすべての組織、人員、活動に対して統一的指導を行い、あらゆる重要問題に決定を下す。軍事指揮官が臨機応変に処置する権限は、緊急状況に限定されている。

　軍隊における党委員会のうち、中央軍事委員会は党中央に所属する軍事機構として軍隊を統率する(図1-5)。通常、党のトップである総書記は軍主席を兼任し、軍の最高統帥権を行使する。党中央委員会は中央軍事委員会、軍中央機関、各大軍区の執行部人事を決定するが、ほかの軍人事は、中央軍事委員会、軍内の各級党委員会が決める。

　第二は、「軍政双首長制」である。軍事活動に対する政治的統制を保障するために、軍は連隊以上の部隊で軍事指揮官のほかに、政治指揮官である政治委員を設けている。政治委員は部隊の党書記を兼任し、序列で軍事指揮官よりも上位である。部隊の命令は政治委員が署名して、初めて発効する。

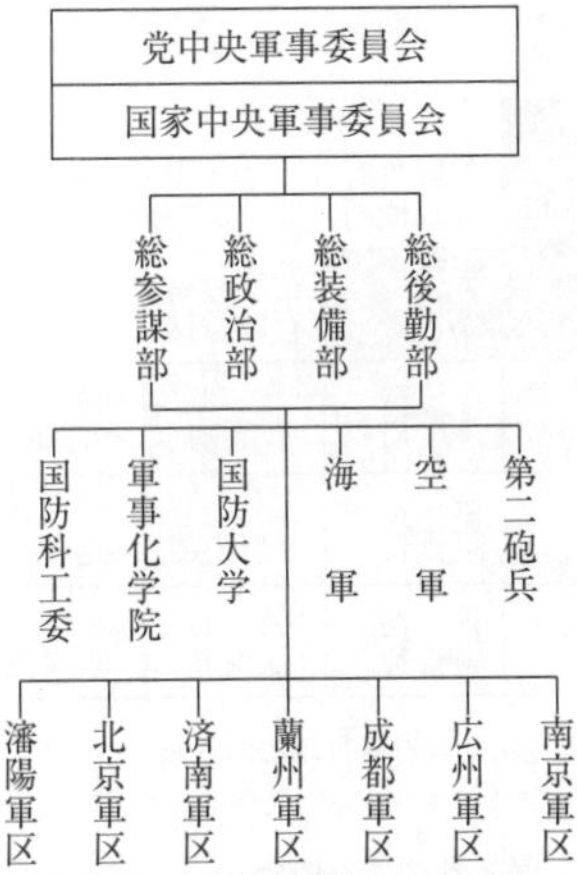

出所：毛里和子『新版・現代中国政治』名古屋大学出版会，2004年，181頁

図 1-5　軍の指揮命令系統と軍機構

　第三に、政治部は軍内の政治機構として、党委員会を補佐し軍の政治活動を管理する。とくに、総政治部は党中央、国務院、中央軍事委員会の指示を執行するために、軍隊全体の政治活動に関し方針を定め、下級機関の政治活動を指導する。総政治部は組織部、幹部部、宣伝部、防

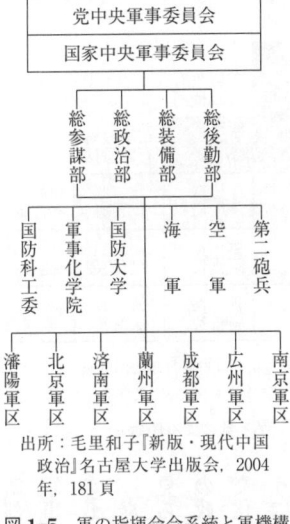

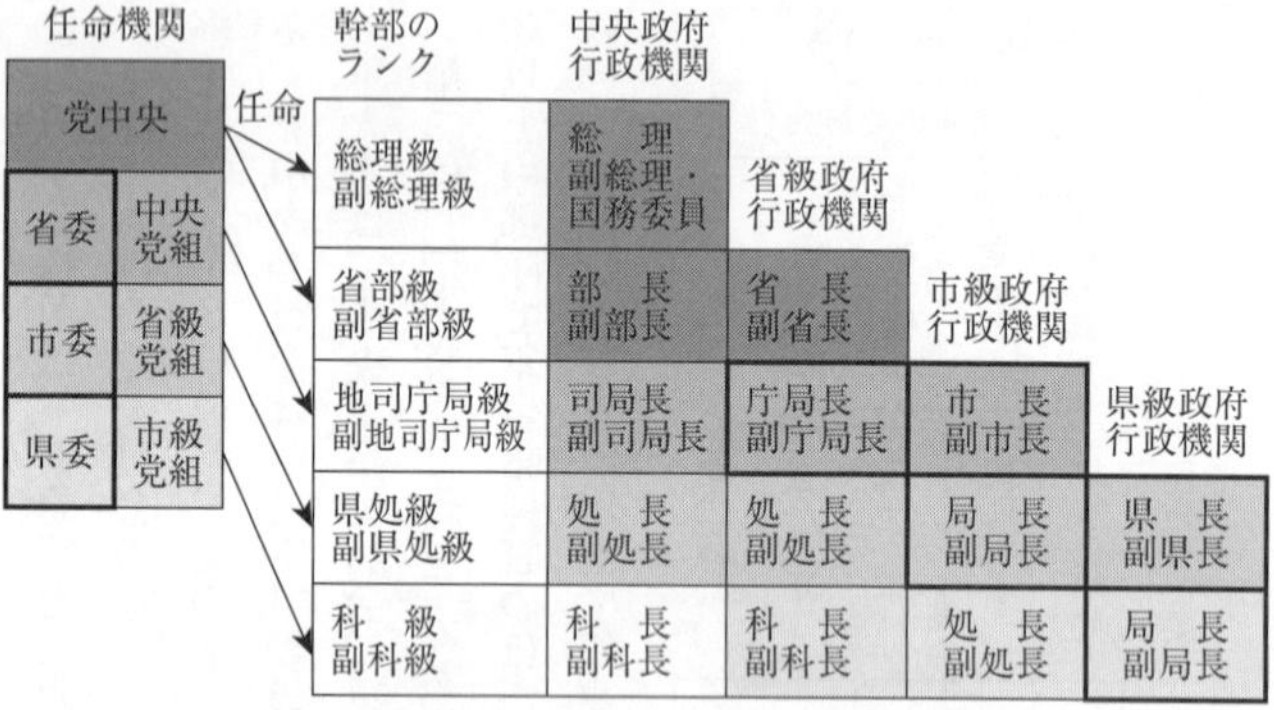

注：中央党組とは中央行政機関党組，省級党組とは省級行政機関党組，
市級党組とは市級行政機関のこと．

図 1-6　国家幹部のランクと党による任命

衛部、文化部、大衆工作部、連絡部、軍事法廷、軍事検察院と解放軍報社などの部門を管轄し、その政治活動の幅は広い。

発展途上国では、クーデターや軍政がしばしば見られる。それと比べれば、軍隊に対する共産党の政治的統制は機能しているほうであろう。ただ、文化大革命、とくに「四人組」の逮捕が示したように、トップの間で権力闘争が発生する場合、軍隊がどちらを支持するかは、決定的な影響力を有する。最高指導者による軍隊の掌握が政局安定のカギを握る。

幹部任免権と政治的求心力

中国では、日本でいう国家公務員と地方公務員のほか、政党や社会団体、政府の付属機関、国有企業に所属して、公務員の給与体系が適用される

表 1-1　各省幹部に対する党中央の人事権

省　委	書記，副書記，常務委員，紀律検査委員会書記，同副書記
政　府	省長，副省長，市長，副市長，主席，副主席，顧問
人　大	主任，副主任
政　協	主席，副主席
法　院	院長
検察院	検察長
省委組織部	部長，副部長
計画単列市・副部長級市	市委書記，市長，人民代表大会主任，政治協商会議主席

表 1-2　浙江省と貴州省の副省長級以上の現役幹部

	省委常委	省長・副省長	紀委書記・副書記	人大主任・副主任	政協主席・副主席	両院	組織部長・副部長	合計
浙江	13	7	4	8	13	2	4	51
貴州	11	8	4	11	13	2	4	53

注：『浙江年鑑』1995 年版，『貴州年鑑』1995 年版．一部の省委常委は他の要職を兼任しているため，実際の副省長級以上の現役幹部の人数は浙江省が 47，貴州省が 49 名である．

幹部職員がいる。これを国家幹部と称している。共産党は建国初期から「党管幹部」（共産党はすべての幹部を管理すること）を原則としてきたが、その管理、任免の対象が国家幹部である。また、村や作業現場などの幹部は国家幹部の枠外にあるが、その任免権は郷・鎮党委員会や工場党委員会にある。

国家幹部の人数は数千万人といわれるほど膨大である。その中で、中央と地方の党の執行部は「幹部の職務名称表」（中国版ノーメンクラツーラ制度）を作成し、ランクに応じ指導幹部の任免権を分掌する（図1-6）。一九八四年以降、党中央は副部長・副省長級以上を直接任免し、局長級の任免権を各省・部の党執行部に与えた。それでも、人事任免権は依然として上級機関に集中している。とくに、党中央は各省に対し五〇名前後、各中央機関(党、国家機関、社会団体など)に対し一〇名前後の指導幹部を任免している(表1-1、1-2、図1-4)。

共産党への忠誠心、上級機関への服従は幹部任免の重要な基準である。中央集権型の幹部任免権は一党支配体制への求心力を高め、党中央を頂点とする厳格な指揮命令系統を維持するにあたって大きな役割を果たしている。また、各級の党の執行部は集団で人事を決めるが、トップの党書記個人はイニシアチブを発揮できる。それはトップ、とくに最高指導者個人の強力な指導力を支えている。

社会統制の仕組み

建国以降、中国共産党は社会秩序の安定化を強調し、以下のような手法で社会統制を行ってきた。

一つめは、基層社会への権力浸透である。中国は専制政治の伝統が長く、官僚制のヒエラルキーがそれを支えてきたが、中央は県以下の基層社会に対し権力組織をつくることがなかった。明朝や清朝では、郷紳層とよばれる地元の文化人や引退した中小官僚、地主などの有力者らが国家と民衆とのパイプ役を務め、徴税や役務の提供などで国家の社会支配に協力しながら、国

表 1-3　党組織の設置状況

	総　数	党組織数	組織率	組織率*
			%	%
郷　鎮	34,324	34,321	99.9	——
村	606,000	605,000	99.8	99.98
社　区	79,000	78,000	98.7	99.9
企　業	2,634,000	595,000	22.6	99.6
国有企業	249,000	216,000	86.7	99.8
民間企業	2,385,000	380,000	15.9	99.4
事業部門	578,000	464,000	80.3	97.5
大　学	1,622	1,622	100	100
研究機関	7,982	7,765	97.3	99.7
民間団体（NPO・NGO など）	81,000	12,000	14.8	96.6

＊　党員 3 人以上の場合

家に対して民衆の意見を代弁する役割を果たしてきた。

その伝統が新中国の成立によって大きく変わった。共産党はコミュニティ、つまり草の根のレベルでそうした自治の要素を取り除き、農村地域の郷鎮・村、都市部の街道・社区に対し行政組織や党組織を基層政権として設け、社会に対する直接支配に乗り出した。こうした基層政権は上級機関、とくに中央政府の方針に合わせて、経済や社会管理を行う。それによって、中国政府は政策の実施能力や社会統制の能力を著しく向上させた。

ちなみに、党の規約（第二九条）によると、一つの組織や団体の中に党員が三人以上いる場合、党の基層組織をつくらなければならない。表1-3は、郷鎮・村、街道・社区、企業、学校、民間団体などに関する共産党の組織率を示している。社会に対する

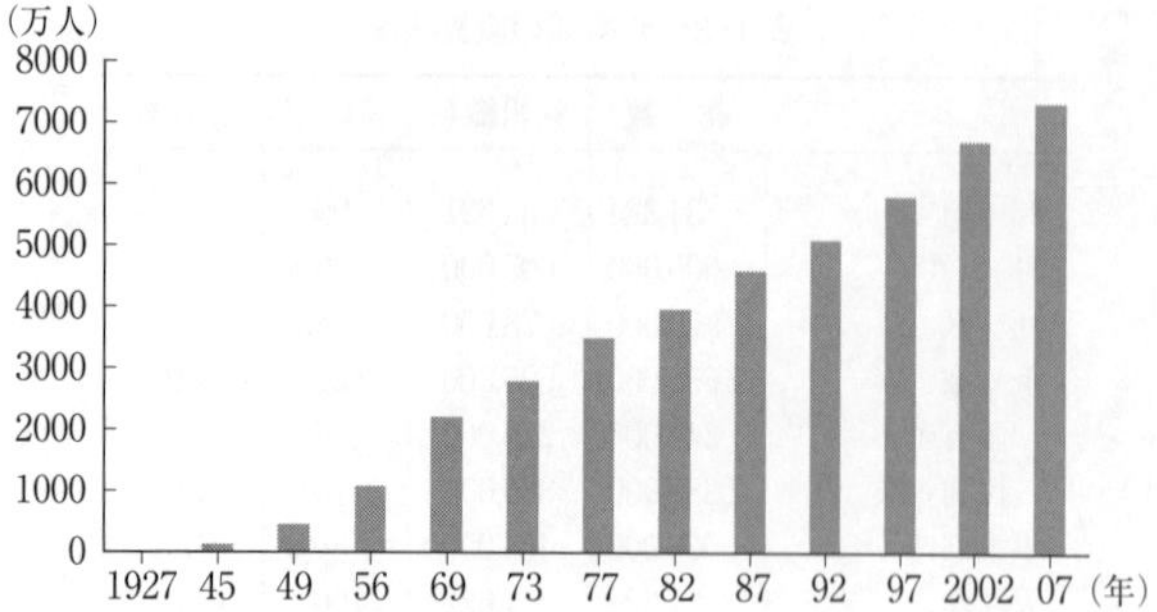

注：年は党大会開催年.

図 **1-7**　共産党の党員数の推移

共産党の浸透力、統制力を現わすデータでもある。また、こうした党組織の拡張に伴い、中共党員の規模もほぼ年々拡大し(図1-7)、二〇一〇年には八〇〇〇万人を超えている。

二つめは、団体規制である。一九五〇年代初め、中国政府は大規模な反革命分子鎮圧運動を展開し、処刑、監禁や監視で国民党政府のスパイとされる人物、匪賊、会道門と称される宗教団体のリーダー、「反動団体」のリーダーらを厳罰に処し、民間結社に対し徹底した取り締まりを行った。その結果、組織的に政権に挑戦する力はほとんど封じ込められた。後述するように、一九九〇年代後半にNGOやNPOが出現するが、その設立や活動に対する規制はいまだに厳しい。

三つめは、職場による社会統制である。一九五〇年代以降、企業の国有化と集団所有化、農村の人民公社化が行われたほか、学校、研究機関、メディア、病院、演劇団体、スポーツ団体などは例外なく政府の付属機関となった。こうした公的職場はある種の自己完結型の組織として、生産、経営や管理を行うほか、行政の末端機能、年金・医療を含む社会保障機能、地域コミュニティの機能をもち合わせていた。

従業員、職員やその家族は生活福祉の面で公的職場、つまり国家に全面的に依存し、また転職の自由をほとんどもたなかったため、上級政府の意思を体現する職場幹部の管理に従わざるをえなかった。政府は公的職場を通し、日常的に従業員や職員に対し思想教化を行い、その政治言動を管理していた。職場が社会統制の有効な装置でもあった。中国語では、職場は「単位」というので、研究者たちはしばしば毛沢東時代の政治社会を「単位社会」と表現している。

一九八〇年代以降、中国は市場経済化を推進し、民間部門の規模が急速に拡大し、職業選択の幅が広がるようになる。それによって、国家に対する人々の経済的自立性は徐々に向上し、職場がもつ社会統制の機能も低下してきた。限定的ではあるが、それは政治的自立性の改善にも好影響を与えている。第三章では大衆の経済的維権(権利保護)活動、第五章では中間層主体の政治参加を取り上げるが、いずれも経済的自由化を背景に活発化してきた動きである。

メディア統制

マスメディアは広い範囲で情報を伝達し、不満の連携を図り、世論などの動員を行うコミュニケーションの手段である。建国当初から、中国政府は国有化によってマスメディアを政府の「事業部門」に再編し、メディアの国有体制をつくり上げた。それから今日にいたるまで、中国政府は新聞や雑誌の創刊、ラジオ局、テレビ局などの創設に関し厳格な許認可制度を実施し、創設の有資格者を県以上の権力機関に限定してきた。

毛沢東時代では、政府予算がメディアの運営費や人件費などを賄い、党の執行部がメディア機関の責任者を任命した。編集者、記者らは国家幹部であった。マスメディアは政治的道具とされ、無条件に上級機関、とくに党中央の意思に従わなければならず、編集者、記者、責任者は独自の報道や見解の発表を行う余地がほとんどなかった。宣伝部、とくに中央宣伝部は党の執行部の意向を受け、「何について、どう報道すべきか」を直接指示することで、情報の流れを統制し、世論形成の主導権を完全に掌握していた。

改革開放時代に入ってからも、中国政府はマスメディアの国有体制を維持し、報道統制を続けている。他方、マスメディアが商業的運営を導入し、国内外の情報競争が激化し、インターネットが普及してきたことを背景に、政府は毛沢東時代のように情報の流通を統制し、世論形成の主導権を独占することがもはやできない。第四章の第三節はその変化を取り上げる。

2　改革開放路線の推進

建国初期から今日に至るまで、一党支配体制には大きな変化はなかったが、毛沢東時代と比べると、一九八〇年代から脱社会主義化、分権化、制度化が進展している。以下、毛沢東時代の挫折をふりかえり、政治経済体制の変容や開発路線の転換を見てみよう。

社会主義経済建設の挫折

本書でいう毛沢東時代とは、一九四九年から一九七六年までを指している。この時代には社会主義イデオロギーが政治経済体制を形づくり、政策を方向付けていった。

経済体制との関連で述べると、まず官僚資本（国民政府や政府高官が所有する企業）と外国資本は建国初期に国有化された。私営企業に対しては、中国政府はしばらく「新民主主義路線」と称して容認の政策を採ったが、一九五六年に「社会主義改造」、つまり集団化、国有化に踏み切った。また、中国政府は建国初期に土地改革を行ったが、一九五〇年代前半から農業合作化運動、一九五八年から人民公社運動を展開し、集団農業を導入した。さらに、ソ連をモデルに、一九五三年から計画経済の制度を導入した。

建国以前と比べれば、毛沢東時代の中国は、インフラや産業基盤の整備、開発制度の形成と運営経験の蓄積、人材の育成に関し一定の成果を見せた。経済建設の環境が改善されたからである。国家の統一や社会の安定化によって、力を経済建設に注ぐことができた。また、同盟国のソ連は一九五〇年代に資金、技術、制度建設とその運営といった点で、中国に対し巨額の援助を行った。

しかし、社会主義経済体制は大きな欠陥を抱えていた。国有・集団所有制の下で、「働いても働かなくても待遇は同じ」といった分配の悪平等の問題は深刻であった。それは労働者、農民の勤労意欲を著しく低下させた。また、中央指令型計画経済の下では、企業は政府の指令に従って生産活動を展開するにすぎなかった。利潤が出ればそれを政府に上納し、赤字が出れば政府がそれを補塡する。競争のメカニズムはほとんど機能しなかった。さらに、中国政府は事実上民間の経済活動を禁止したために、人々の起業精神や潜在的な能力はまったく生かされなかった。

ガバナンス能力の不足

さらに毛沢東時代は、政府のガバナンス能力が低かった。中国革命では、共産党は辺鄙な農村地域を中心にゲリラ戦を展開し、力を付けてきた。少数を除けば、党や軍隊の指導者、幹部のほとんどは貧しい農村の出身者であり、学歴が低く、文盲も多かった。一九四九年以降、こうした「革命世代」の指導者や幹部が、中央から地方、社会の底辺部に至るまですべての実権を握ることになった。しかし、彼らは国家建設に必要な知識と経験を欠いており、しばしば政策の誤りを犯したのであった。

一九五八年から一九六一年までに推進された大躍進運動は、ガバナンス能力の不足による失敗の典型である。毛沢東は一九五八年にイニシアチブをとり、大衆運動の形で鉄鋼倍増運動や食糧増産運動を大々的に展開した。しかし、それは経済的合理性や科学的根拠に基づくものでなく、毛沢東個人の主観的意思から生まれ、ほかの指導者や現場の幹部が毛沢東の意思に迎合して行われたものであった。間もなく、産業間のバランスが大きく崩れ、食料品や生活用品の不足が深刻化していった。大躍進運動が数年間も続いた結果、大飢饉が発生し、約二〇〇〇万もの人々が餓死した。

社会主義政治経済体制は「党政不分離」「政企不分離」を特徴とした。企業が行政に、行政が政治に従属し、行政と経済(企業)は自主性も自律性も弱く、その運営を中央の指令に頼っていた。経済政策の失敗や上層部の権力闘争の混乱は、指揮命令系統を通して行政や企業の運営、社会の秩序に及んでいく。しかも政府の動員力が高いだけに、失敗の規模も大きい。大躍進運動や文化大革命はこうした体制の弱点を大いに露呈した。

言論弾圧の構造的要因

多くの開発独裁国家は、政治体制、政局、社会秩序という「三つの安定化」を経済発展の前提条件とし、言動の自由などの制限を正当化しようとしている。言動の自由は「三つの安定化」に挑戦しない場合に限り、容認される。また、自由な発想が経済発展に活用されれば、徐々にではあるが、経済発展と自由の拡大との間で一種の好循環を形成することができる。

しかし、毛沢東時代の二六年間、言論弾圧は明らかに開発独裁の論理をはるかに超えた大規模なものであった。建国初期から、中国政府は知識人の思想改造運動、胡風反革命集団の摘発、反右派闘争など一連の政治キャンペーンを展開し、数多くの知識人を弾圧した。「三つの安定化」に挑戦しない学術研究や文化活動、政策の提言までもが抑圧や弾圧の対象とされた。さらに、中国政府は社会主義を生活の様式や倫理道徳の規準として国民に押し付けていた。

三つの要素が度を超えた毛沢東時代の言論弾圧につながった。一つめは、社会主義に対する独善的な考え方である。それは、社会主義を唯一の真理と確信する以上、それとは異なる思想を正しくないものとして排除すべきという発想である。その際、社会主義イデオロギーは事実上、政治統制と言論規制の基準や道具となった。

二つめは、階級闘争の観念である。とくに、当時の政治エリートは革命戦争などの経験から敵味方の思考様式を強くもち、敵を徹底的に排除しようとした。

三つめは、先にみたように、革命世代のガバナンス能力の不足である。組織運営について部下や同僚から異論や批判を受けた際に、彼らはしばしば社会主義の名を借りて反対意見を排除し、自らの権威を確立しようとした。

毛沢東への個人崇拝と晩年の守勢政治

毛沢東個人への権力集中、とくに個人崇拝も全体主義的な政治体制の構成要素である。一九三五年の遵義会議以降、毛沢東は徐々に最高指導者の地位を確立し、そして一九四〇年代の延安整風運動によって王明らの権力ライバルを一掃し、党の執行部を超越するような地位を確立した。その象徴となったのは、中央書記処が重要方針を議論する際に、毛沢東が最終決定権を有するという一九四三年の政治局決定であり、また、一九四五年の第七回党大会が毛沢東思想を党の指導思想として確立したことである。

さらに、毛沢東は中国革命を勝利に導き、国家の独立と統一の偉業を成し遂げたため、絶大な権力をもつだけでなく、建国の父としても巨大なカリスマ性があった。一九五〇年代、毛沢東は政治運営に対し自信に溢れ、自らの手で社会主義強国を建設するという意気込みが高かった。しかし、大躍進運動の失敗が明らかにされた一九六〇年代初め以降、毛沢東は近代国家の建設に情熱を燃やして前向きの政治を行うというより、どうやって政治権力を維持するかという守勢の政治を強いられた。彼は一九七六年に死ぬまで、権力体制を整え、近代化に向けて再出発することができなかった。

毛の権力の絶大さについて一例をあげよう。大躍進運動の推進で食糧不足などの問題が深刻化する中で、政治局拡大会議が一九五九年八月に廬山で招集された。この廬山会議で、彭徳懐は毛沢東に書簡を送り、大躍進政策を批判した。多くの指導者は彭徳懐の意見に賛成したが、毛沢東が彭徳懐の言動を「右傾」と厳しく批判すると、ほとんどの指導者が彭徳懐批判に回らざるをえなかった。彭徳懐は失脚し、毛沢東は権力闘争で勝った。

しかし、それは経済運営の失敗と権力闘争との悪循環の始まりでもあった。その後も大躍進運動が継続された結果、中国経済は完全に破綻してしまった。経済を立ち直らせるために、劉少奇、周恩来、陳雲、鄧小平らはイニシアチブを発揮し、急進政策を是正しようとした。だが、毛沢東はユートピア社会主義に対するこだわりや権力に対する執念から、こうした現実路線に対し強い不満をもっていた。そして、一九六二年に階級闘争論を提起し、一九六四年には社会主義教育運動、一九六六年には文化大革命を発動し、劉少奇、鄧小平、林彪らを次から次へと失脚させていった。文化大革命は広範な大衆を巻き込み、一〇年間も続いた。その混乱が政治、経済、行政、社会、教育などのあらゆる分野に深刻な影響を与えた。

改革開放路線の推進とプラグマティズムの浸透

一九七六年九月、毛沢東が死去した。それは政治権力の再編や路線転換の大きなきっかけとなった。華国鋒は葉剣英ら軍実力者の支持を得て、文革左派の「四人組」を逮捕し、最高権力を掌握してから、一九七七年の第一一回党大会で「四つの近代化」を国家目標として掲げ、人心を経済建設に向かわせようとした。他方、華国鋒政権は「二つのすべて」(毛主席の決定した事はすべて支持し、毛主席の指示はすべて変えない)を主張し、自らの権力基盤の強化に毛沢東の権威を活用しようとした。

それに対し、鄧小平は是々非々の立場で毛沢東の政策を再評価すべきことを主張した。鄧小平は華国鋒との権力闘争に勝ち、一九七八年末の一一期三中全会(第一一期中央委員会第三次総会)で主導権を握ると、階級闘争中心論から経済建設中心論への路線転換を宣言した。改革開放時代の幕開けである。

最高権力闘争と絡み合いながら、真理の検証基準をめぐる政治論争が全国で行われた。一一期三中全会以後、鄧小平の立場を代表する「実践は真理を検証する唯一の基準である」ことが公式見解となった。実践とは何かは必ずしも自明でないが、思想闘争は、権力内外で人々を教条主義的思想の束縛から大きく解放したのは事実である。

一九七〇年代末には、一部の農民が自発的に農業生産請負制を試みた。これは土地の使用権を各農家に分配し、農民は政府に一定の農作物を国家に上納するが、それ以外の農作物について自由に処分してよいという制度である。保守派は社会主義を重視する立場からその導入に反対した。それに対して、鄧小平は導入の決定権を地方に任せる立場を取った。その後、農業生産請負制は農民のインセンティブを向上させ、大きな経済成果を挙げた。その成功は改革への支持拡大につながり、企業改革への着手やプラグマティズムの浸透に大きな影響を与えた。この時期、鄧小平の「猫論」（白猫だろうが黒猫だろうが、ネズミを取れる猫がよい猫だ）が大いに流行っていた。

一九八〇年代以降、改革派主導の中国政府は価格の自由化、人民公社の解体、指令型計画経済の範囲の縮小、個人経営の容認などを実施し、徐々に市場化の改革を進めていった。他方、社会主義の看板を下ろすことは、保守派から強い反発を招くだけでなく、共産党が自らの支配の正統性を否定することになる。そこで、改革派指導者は社会主義の看板を掲げたまま、なし崩し的に市場経済への移行を進めていった。一九八七年の第一三回党大会が「社会主義初級段階論」、一九九二年の第一四回党大会が「社会主義市場経済論」を打ち出したのはその例である。

こうして、一一期三中全会以降、中国政府が近代化を進めていった過程で、発展指向型のメンタリティと結果重視のプラグマティズムが徐々に社会主義の原理、原則に取って代わってきた。ただ、保守派の抵抗もあり、社会主義イデオロギーからの脱却は紆余曲折の道を辿ることになる。共産党はいくつもの権力闘争を経て、理念偏重型の革命政党から実利重視型の政権党へと変身していった。

市場経済化への大きな流れ

中国の改革はしばしば「一歩前進、半歩後退」の局面を見せる。経済の遅れや停滞への危機感は改革の原動力となるが、民主化運動の挫折や、逆説的ではあるが持続的な経済発展が改革の後退や停滞をもたらすことがある。

たとえば、一九八七年初めの学生運動が挫折した後に、保守派はブルジョア自由化反対のキャンペーンを展開し、経済の自由化をも攻撃した。鄧小平は下からの学生運動、民主化運動に強硬な姿勢をとったが、経済の自由化には積極的な立場を貫いた。趙紫陽は鄧小平の支持を得て、一九八七年五月に反撃に出て、政治情勢が再び改革のムードに戻った。

しかし、一九八九年の天安門事件では、趙紫陽らの改革派指導者が失脚し、体制改革は停滞ないし後退を余儀なくされた。保守派は一九九〇年代初期に「姓社、姓資」（市場経済は社会主義か、資本主義か）の論争を仕掛けた。こうした状況下で、鄧小平は一九九二年春「南方視察」を行って保守派を批判し、「市場経済も計画経済も手段にすぎず、資本主義と社会主義を分ける基準ではない」とまで言い切り、市場化の流れを加速させた。

一九九七年前後、保守派は民営化に対して、「姓公、姓私」(民営化された国有企業は公有制か、私有制か)の論争を挑んだが、改革派の優位は変わらなかった。二〇〇四年三月、全国人民代表大会(全人代)は憲法を改正して、「合法的に取得した私有財産は侵害されない」という内容を盛り込んだ。さらに、二〇〇七年には、全人代は「物権法」を制定し、財産の法的な保障に向けて大きな一歩を踏み出した。

ただ、市場経済体制への転換はいまでも完成されてはいない。中国政府は市場経済化に社会主義といった「条件」を付け、経済活動に直接関与することが多い。現行の経済体制は市場型というよりも、混合型である。近年、大手の国有企業は経済成長の波に乗り、金融、資源、ハイテクおよび公共事業の分野で売り上げ、利潤を大きく伸ばしている。改革派知識人は政府の強い介入や国有企業の独占が資源配置の歪みをもたらし、「国進民退」、つまり国有企業の膨張が民間経済の発展を圧迫することを強く危惧している。

近年、左派知識人は貧富の格差の拡大や毛沢東時代に対する人々の郷愁を利用して、市場経済を批判し、経済活動に対する国家の強い関与を社会主義の優位性と称えている。また、薄熙来・中央政治局委員は二〇〇八年から二〇一二年まで重慶市党書記を務めていた間に、「唱紅打黒」(革命の歌を歌え、黒社会を一掃する)などの政治キャンペーンを展開し、部分的ではあるが、毛沢東時代の名残りともいえる強引な政治手法を見せた。

派閥政治の変容と合意重視の政治運営

改革開放時代に入ってから、脱個人崇拝と集団指導が徐々に進展した。まず、毛沢東の死去によって、中国の派閥力学が大きく変わった。一九七〇年代末から、鄧小平は最高実力者になり、後には近代化推進の功績で改革開放の総設計師とも称えられるようになった。しかし、鄧小平はもはや毛沢東のように各派閥に君臨する立場にはなかった。鄧小平のほか、陳雲、李先念、彭真らはそれぞれ独自の派閥を有し、政治に対し大きな発言力をもっていた。

趙紫陽の証言によると、鄧小平は改革政策や党内人事で保守的な長老の反対に直面した時、彼らの意見や利益に配慮し、ある程度妥協や譲歩を行わざるをえなかった。たとえば、鄧小平は第一三回党大会で改革派の万里、田紀雲を政治局常務委員に抜擢しようとしたが、保守派の反対で断念したという。こうして、派閥的力学の変化が原因となって、党内の権力構造は個人独裁から寡頭政治へと転換し、政治運営は徐々にコンセンサスを重視するようになった。

一九九〇年代以降、最高指導者は二期一〇年で引退することが慣例となっている。世代交代が行われるたびに、最高指導者個人のカリスマ性が低下しているといえる。企業にたとえていえば、第一世代の毛沢東、第二世代の鄧小平は創業者として絶大なカリスマ性を有する。それと比べれば、江沢民、胡錦濤、習近平らの第三、第四、第五世代はテクノクラート世代である。彼らはエリートコースを辿り権力の頂点に上り詰めたサラリーマンにすぎず、もはや創業者のようなカリスマ性をもたない。

また、建国以前、革命世代の指導者はそれぞれの根拠地で敵と戦った。そこで結ばれた人間関係の結束力は強い。毛沢東時代には、革命世代の指導者が中央と地方の権力を握り、また人事異動が少なかった。改革開放時代に入ってから、中国政府は指導幹部に関し任期制と定年制を導入し、昇進や人事異動の制度化を進めてきた。政治局常務委員はいわばスピード出世を果たした人々であるが、昇進の段取りを踏まえなければならないために、中央指導者の在任期間が以前より大幅に短縮された。それは人脈づくりにも不利である。

毛沢東時代には、党内闘争は人身迫害を含む残酷な手段を用いることも少なくなかった。改革開放時代に入ってからは、党中央は処分の手続きを強調し、「恐怖政治」によってライバルを失脚させ、個人権威を確立することが難しくなってきている。政治的過ちで高官を失脚させ、政治権力や人身の自由などを剝奪することは徐々に例外となりつつある。他方、経済犯罪の摘発による高官の失脚は増えている。

二〇〇九年七月、北京のアメリカ大使館は聞き取り調査をもとに中国最高指導部の運営に関する報告書をまとめ、本国に打電した。内部告発サイト・ウィキリークスは二〇一〇年に同報告書を公開した。それによると、党の最高執行部である政治局会議とその常務委員会会議を国有企業の取締役会に、胡錦濤総書記を最高経営責任者(CEO)にたとえている。胡錦濤は最多投票権をもち、政治局の議論をリードするが、全員それぞれ発言権、投票権をもち、会議はきわめて民主的という。李鵬元総理は『市場与調控——李鵬経済日記』を出版し、中央政治局など党の執行部内の議論を証言している。

政治体制の変容

比較政治学では、政治体制を全体主義、権威主義、民主主義の三つに分類する方法がある。そのうち、全体主義と権威主義にはどのような違いがあるだろうか。

まず、第一は、厳密なイデオロギーの有無である。全体主義体制には、体系化された支配イデオロギーが存在する。それが政治体制を形づくり、政策を方向付けると同時に、政治統制や言論規制の指針となり、人々の日常生活や倫理道徳に規範や基準を提供する。他方、権威主義体制には、政治理念や政策目標が存在するが、緻密で体系化された支配イデオロギーは存在しない。

第二は、政治権力の集中度である。全体主義体制の下では、大衆動員、資源動員といった目的を達成するために、政治権力が高度に集中されている。政権党以外の政治組織は許されず、最高指導者は一党支配を背景として絶対的な政治権力をもつ。国家はコミュニケーションの手段（とくにマスメディア）や経済資源を独占する。他方、権威主義体制の下では、大衆動員はもはや目的でない。民主主義体制と比べれば、政治権力の集中度は高いが、最高指導者の権力は事実上、手続きから制限を受けるために、政治の支配がある程度予測可能となる。また、限定されてはいるが、多元的な利益や考えが許容される。

毛沢東時代の政治が全体主義とするならば、改革開放時代は権威主義へと変わってきたといえよう。まず、社会主義イデオロギーからの脱却が進み、発展志向かつ結果重視のプラグマティズムが権力内外の活動を支配するようになっている。最高指導者個人のカリスマ性が低下すると同時に、分権化と制度化が進展し、政治運営は従来以上に合意を重視している。一党支配や社会秩序の安定化に挑戦しない限り、自由が認められている。国家は依然として強い資源動員力をもつが、経済の自由化が進んだ結果、もはや資源を独占しない。

3 中国の「開発独裁」の特徴

これまで見てきたように、中国は一党支配体制を維持したまま、全体主義から権威主義へと変化してきた。政治体制の変容や市場経済の導入は、開発独裁路線への転換を意味するというのが本書の主張である。それでは、中国の開発独裁路線は、他国と比べてどのような特徴をもち、経済発展でいかなる役割を果たしているのか。また近代化の推進過程でいかなる変容を遂げようとしているのであろうか。

政治社会の安定化

しばしば指摘されるように、政治社会の安定は経済発展の前提条件である。しかし、発展途上国は貧しければ貧しいほど、生存競争が厳しくなり、階層間、地域間、民族間の利害対立がしばしば社会衝突や政治混乱につながる。そのため、権威主義体制は行政主導型の権力集中や自由と権利の制限によって秩序の安定化を図ろうとする。ただ、政治制度によって、社会秩序の安定化の能力は微妙に違ってくる。

まず、権威主義政権の多くは野党の存在を認め、定期的に大統領選挙や議会選挙を実施し、「形式的民主主義体制」を採用している。他方、こうした国々では、大統領や軍隊は権力を掌握し、野党に対して規制と弾圧を行い、立候補者資格の制限、メディア統制、恐喝、選挙買収および不正集計などで露骨に選挙過程に介入する。

「形式的民主主義体制」を採用した以上、政治の運営は手続きから一定の制約を受け、野党側は一定の合法的な言動空間を有する。その結果、国政選挙は反政府勢力が力を結集し、自らの要求を政府にぶつける機会となる。したがって、「形式的民主主義体制」は「競争的権威主義体制」でもある。一定の競争性をもつために、政治情勢はより流動的になりうる。

たとえば、韓国では、軍事独裁時代の一九七一年、野党の金大中が大統領選挙に立候補し、わずか九七万票の差で朴正熙大統領に負けた。その後、金大中は国外亡命に追い込まれたり、監禁されたりするが、韓国反体制勢力のシンボルとなった。フィリピンでは、マルコス大統領が権威主義体制を敷いたが、経済状況の悪化を背景に野党指導者のアキノから挑戦を受けた。一九八六年、不正選挙への抗議運動はマルコス政権を崩壊させた。近年、イランやロシアでも、不正選挙に抗議する大規模なデモが発生している。

中国の権威主義体制は一党支配型であり、政治的競争が極度に制限されている。第一に、中国は事実上野党の存在を認めず、社会団体に対する規制が厳しい。第二に、中国政府はメディアを国営化しており、情報規制、言論統制を行っている。第三に、人民代表の直接選挙は県およびそれ以下のレベルに限定されており、しかも、選挙キャンペーンが厳しく規制されている。そのために、反体制勢力が選挙で利用できる空間がきわめて狭い。

こうした社会団体やメディアに対する統制によって、批判勢力や社会的不満の連携は大きな制約を受けている。毛沢東時代では、中国政府は失政をくりかえし、国民が貧しい生活を強いられたにもかかわらず、公に政治批判を行うことがほとんどできなかった。近年、インターネットや携帯電話などが動員の手段として使われているが、ほかの権威主義国家と比べれば、抗議活動の大多数はコミュニティや親密圏を中心に小規模にとどまっている。

共産党による強い統制力は社会秩序の安定化に寄与するが、その下での民主化運動は組織や動員の手段に欠け、なかなか成功しにくいのも事実である。

政策決定の自律性・スピード・実行能力

北京大学教授の姚洋は、特定の集団や個人の個別利益、短期利益ではなく、社会全体の利益、長期利益を重視する政府を「中立政府」と表現している。後発の国々では、政府は国家の近代化を主導しなければならないだけに、個別利益に左右されずに政策の自律性を獲得することがきわめて重要だが、その実現はまた困難な課題である。大地主、財閥、地方勢力、労働組合などの利益集団は権威主義政権を支える代償として大きな政治力をもち、時として開発政策を大きく歪めてしまうからである。利益集団から独立するためには、強力な政権基盤が必要とされる。

たとえば、地主出身者を権力基盤とした蔣介石政権は中国大陸の土地改革に着手できなかった。だが、蔣介石政権が台湾に移り、地主階級のしがらみから解放されて初めて、大胆な農地改革を実行することができた。また、第二次世界大戦直後の日本では、戦前では想像しがたい財閥の解体、農地改革、労働改革などの三大改革が行われた。GHQが絶大な権力をもち、財閥や地主から独立したからである。

前述のとおり、中国政府は建国当初から徹底して民間組織を取り締まった。その結果、官製団体以外の利益集団がほとんど存在せず、中国政府は政策決定の自律性が高いといえる。たとえば、一九九〇年代半ば以降、中国政府は労働組合の反対をほとんど受けずに中小国有企業の民営化を決定した。また、WTO加盟は労働集約型産業には有利、サービス業や農業には不利と言われるが、中国政府が加盟を決断する際に、農民から直接の反対をまったく受けなかった。

政策決定のスピードも政府の政策能力を示すものである。民主主義の政治にとっては手続きや妥協、合意が重要となる。利害調整を図り、合意をまとめるためには、それだけ時間がかかる。中国は高度な集権体制をとるために、党の執行部で合意を得られれば、政策がほぼ決まる。しかも、トップは強いイニシアチブをもち、また、人数が大体一〇名前後(中央政治局だけは二十数名)と少ないために、執行部内の意見調整は比較的容易である。

政策決定のスピードを裏付ける最近の例として、中国政府が二〇〇八年の金融危機後に素早く四兆元(約五六兆円)もの景気対策を打ち出したことがある。こうした超大型の景気対策は国民的議論もなければ、全人代での審議もなかった。対策が功を奏し、中国経済は早い回復力を見せた。ここでは、決定のスピードは危機対応の能力ともなる。もちろん、方向性を間違えれば、失敗のスピードが早く、失敗の規模も大きくなるであろう。

政策の内容は良くても、政策の実行能力がないと良い結果にはつながらない。中国政府は政治権力が集中し、資源動員能力が高いだけに、政策の実施能力がきわめて高いといえる。一人っ子政策、農地収用、都市再開発、国有企業の改革、ＷＴＯ加盟などは当事者がいずれも数千万人ないし数億人の規模に達し、利害構造が複雑さを極めるものである。政策の現場では、抵抗や反発がしばしば起きるが、中国政府はアメとムチを使い、抵抗を排除してきた。

他方、こうした政策能力の高さはその裏面としてさまざまな利益や権利、意見を無視する権威主義体制の強引さや独善につながっている。また、一党支配が続く中で、権力内部にさまざまな既得権益が存在していることはいうまでもない。市場化、産業化や利益の多元化が進み、業界団体や国有独占企業などは政府やメディアへの働きかけを強めようとしている。その意味で、利益集団の政治が徐々に形成され始めている。近年、既得権益が改革のさらなる推進を妨げているとの批判がしばしば聞こえてくる。

北京コンセンサス

開発独裁路線に関するもう一つの特徴は、経済活動に関する政府の強い関与である。欧米各国の近代化は主として自発的なものであった。自由主義政策の下で、民間企業が産業化を主導し、政府は主として社会秩序の維持に専念する「夜警国家」であった。それに対し、後発の国々の近代化は「キャッチアップ型」であり、政府が近代化に関し大きな役割を果たしている。

開発独裁国家はおおよそ次のような手法で経済開発を主導しようとする。第一に、国家が土地、税金などに関し優遇政策を導入したり、インフラを整備したりして開発の環境を改善し、内外の資本を誘致する。第二に、国内市場参入の許認可制度や関税政策などによって民族産業、国内企業を保護し、さらに資源の傾斜的な配分を行うことで、戦略的産業を育成する。第三に、労働組合結成の自由や団体交渉、ストライキを厳しく制限し、企業の経営や国の経済競争力の改善に有利な労働政策を実施する。

中国は毛沢東時代からソ連を手本にして国有企業制度や中央指令型の計画経済を確立し、経済行政の能力や資源の動員力を確立していった。改革開放時代は社会主義経済体制の遺産を引き継ぎながら、徐々に経済的自由化を進めてきた。ほかの権威主義国家と比べれば、中国は経済に対する国家の関与や資源動員の能力がきわめて高い。近年、中国のような国家主導の近代化路線、経済活動に対する国家の強い関与のことが「北京コンセンサス」ともてはやされている。

開発独裁路線の変容

開発独裁路線は近代化の推進手段として一定の有効性を示してはいる。一九六〇年代以降、韓国、台湾や東南アジアなどは経済を中心とした近代化に大きな実績をつくり上げた。中国もまた社会主義モデルから開発独裁路線への転換を行ってから、急速かつ持続的な経済成長を保ってきただけでなく、政治的自由や権利も緩やかではあるが、拡大させてきた。ベトナムは中国よりやや遅れて開発独裁路線を導入し、やはり急速な発展を遂げている。

しかし、そこにはもちろん問題がある。最大の問題点はやはり普遍的な理念の欠如であろう。欧米は民主主義、自由および人権保障を普遍的な価値とすると同時に、普遍的な価値に基づく民主主義体制と新自由主義経済を近代化の有効な手段として主張している。中国政府は経済成長の達成を国家目標としてはっきりと掲げているが、政治的には伝統文化や国情を理由に自国版の民主主義を主張し、欧米型の民主主義体制とは一線を画している。実際、中国政府は自由と権利を厳しく制限し、人権侵害の事件は日常的に発生している。

ただ、中長期的には、発展の軌道に乗っている開発独裁路線が自由や民主主義とまったく相容れないものであり続けるとは限らないであろう。近代化のプロセスが進展すればするほど、開発独裁路線は変容を遂げ、理念や制度的仕組みが欧米型の政治経済体制へと接近していく可能性が高いからである。台湾、韓国は開発独裁から民主化までを成し遂げた例である。改革開放時代の中国も少なくとも今日に至るまで、その傾向を示している。

一部の研究者は、混合型経済の「北京コンセンサス」を新自由主義経済の「ワシントン・コンセンサス」の対立物として捉え、中国の経済発展を「北京コンセンサス」の成果として強調している。しかし、それは事実の一部ではあっても、事実のすべてではない。中国の持続的な経済成長は市場メカニズムの導入とその拡大を抜きにしては語れない。また、経済発展を保っていくために、今後も、経済的自由化がいっそう進むであろう。

毛沢東時代の政治支配は「力による支配」が顕著な特徴であった。今日の政治支配もいまだに力に頼っている部分が多いが、徐々に「同意による支配」へと向かっている。また、政治運営は少しずつ民主的なメカニズムや手法を取り入れている。第二章では政府改革、第四章では緩やかな自由化とそれを促進するメカニズムについて分析する。

さらに、国民は決して政府主導の政治改革の現状に満足してはいない。第五章で分析するように、グローバル化、情報化および経済社会構造の変化を背景として、人々の価値観と政治意識が多様化している。それとともに、社会の自律性が向上し、国家に対して利益要求や異議申し立てを強めている。中間層の台頭、「草の根」NGOの成長、国民の自発的な政治参加の拡大はそれを表わしていよう。長期的に見れば、中国もまた市民社会の成長によって、開発独裁路線から脱却し、市場経済や民主主義からなる政治経済体制へと移行する時が来るであろう。

共産党の生き残り戦略

普遍的な理念の欠如という問題は共産党支配の正統性への挑戦でもある。マックス・ヴェーバーは、国民が承認し納得することを支配の正統性と捉え、正統性の根拠を伝統的支配、合法的支配、カリスマ的支配の三つに分類した。支配の正統性のポイントは、国民の観念や意識である。つまり、支配を円滑に実施するには、何らかの形で国民の支持を調達しなければならない。

民主主義国家では、国民から多数の支持を獲得することが支配の正統性の源泉である。現政権は選挙で国民の支持を失うかもしれないが、民主的制度が機能する限り、改めて選挙を通じて支配の正統性を得ることが可能である。他方、非民主主義国家では、選挙がなされなかったり、選挙が必ずしも自由公正ではないために、政権はほかの方法によって国民の支持を調達し、支配の正統性を獲得しなければならない。

では、中国共産党はどのような方法で支配の正統性を調達したのであろうか。

毛沢東時代には、革命戦争の勝利と建国の実績が共産党支配の正統性を支えてきた。いままでも、共産党は建国の実績によって支配の正統性をアピールしようとする。しかし、建国から六〇年以上が経ち、歴史的功績は支配の正統性の論理として、もはや国民への説得力が低下している。

社会主義イデオロギーも支配の正統化の政治原理として使われていた。すなわち、社会主義は理念としても制度としても資本主義より優れており、国民を率いて理想社会を建設するのは、自らの歴史的な使命であるという論理である。ここで、共産党は未来社会への美しいビジョンを提供することによって、政権の正統性を強くアピールしてきた。しかし、社会主義建設が大きく挫折し、市場経済への転換が行われると、社会主義も正統性の原理として説得力をもたなくなる。

歴史的功績や社会主義の魅力が色あせた今日では、共産党は新たな正統性の原理を模索している。第一は、政治的求心力による正統性である。これはしばしば巨大な中国を取りまとめる政治勢力が共産党しかないという点を強調する。第二に、愛国主義を強調し、国民が共産党を中心に団結し、近代化に取り組むべきことをくりかえしている。第三に、ほかの権威主義政権と同じように、発展の実績によって国民の支持を調達しようとする。結果から見ると、発展の実績がどの要素よりも支配の正統性を強化しているといえるだろう。

しかし、急速な経済成長がいつまでも続くことはまずありえない。また、国民の意識が向上し、その要求は徐々に経済発展から、社会の平等と公正、自由と権利の改善へと拡大している。当面、中国政府は調和社会の構築を目標に掲げ、社会政策の強化によって経済成長と社会発展、効率と平等との両立を図ろうとしている。しかし、長期的な視点から見ると、共産党がどうやって自らを多元的な競争政治に適応させるかが、最大の課題となろう。

第二章　国家制度の仕組みと変容

行政主導の党国家体制

欧米各国では、大統領制か議院内閣制かによって、立法府と行政府と司法府の権力関係や議会の役割は違ってくる。しかし、それを超えた共通性がある。それは、立法府、行政府、司法府がそれぞれ立法、行政、司法の権力を分掌すると同時に、国民は定期的な選挙によって国家権力に対する政治的統制を保ち、三つの権力機関が互いにチェック・アンド・バランスの機能をもつといった点である。民主主義政治を実現し、過度な権力集中を防ぐことが欧米型政治制度の出発点である。

他方、開発独裁国家は欧米各国と違って、次のような行政主導型の政治論理を主張している。すなわち、社会秩序の安定と政治的求心力の維持は後発国家が近代化を達成する前提条件である。こうした前提条件を満たすためには、政治権力の集中が必要とされる。したがって、開発独裁国家では、立法府、行政府、司法府が建前としては相互のチェック機能をもつかもしれないが、行政権に権力が過度に集中し、それが全体を主導する。

現代中国は共産党支配下の「党国家」である。各級の党の執行部は政府と合わせて「党政領導班子」(党と政府の指導機関)と呼ばれ、党機構は行政機構と合わせて「党政機関」、党の役人は政府の役人と合わせて「党政幹部」と称されている。このように党と国家が一体となって権力を担う党国家体制の下で、中国政府は事実上、狭義の政府(欧米型制度の分類)と広義の政府(国家権力の実態)に分けられる。狭義の政府は国務院であるが、広義の政府は党中央と国務院を合わせるものである。広義の政府の中で、党中央は政治権力の中枢を担い、あらゆる重要政策を決定する一方、国務院のイニシアチブは主として経済、行政を中心に政策の実施に限定されている。

憲法上の「建前」は別として、狭義の政府は事実上、立法府の人民代表大会、司法府の裁判所に対し一定の優位性をもっている。さらに、共産党の執行部と狭義の政府を合わせて広義の行政権と考えれば、中国はほかの権威主義国家よりも行政権主導の強い国家である。人民代表大会、裁判所は事実上広義の行政権に従属しながら、立法、司法の役割を果たしている。

一九八〇年代以降、中国は近代化路線の推進に合わせて、「選択的導入」と「漸進主義的なアプローチ」といった手法で欧米各国の理念や制度、メカニズムや手法を取り入れ、近代的な国家制度を整えようとしてきた。狭義の政府は徐々にではあるが規制型、統制型、開発型から開放型、参加型、サービス型へと改革を進めている。また、人民代表大会と裁判所も少しずつ自立性を高めようとしている。そうした動きが見られるにせよ、共産党は開発独裁路線を維持しようとし、欧米型民主政や三権分立の導入を頑なに拒否している。

この章では、立法、行政、司法の制度的な仕組みとその変容について見ることにしよう。

1　擬似民意機関としての人民代表大会

選挙制度の欠陥と飾り物としての人民代表大会

欧米各国では、議会の政治権力の源泉は、自由かつ平等な国政選挙にある。議員たちは有権者によって選ばれた国民の代表である。議会は民意を体現する機関として、法律を制定すると同時に、予算審議権、国政調査権および人事権などを行使し、行政府と裁判所の行動に対し監督を行う。そのような意味での議会を中国はもっているだろうか。

中国の憲法は全国人民代表大会(全人代)を最高権力機関と位置付け、立法権、重大事項の決定権、国家機関のトップ人事の選出権、「一府両院」(政府・法院・検察院)の活動に対する監督権を与えている。その限りでは、全人代は制度上「一府両院」を統制下に置き、議院内閣制の議会よりも高い地位にある。

しかし、選挙制度は深刻な欠陥を抱え、有権者の意思が必ずしも選挙の結果に十分に反映されてはいない。そのために、人民代表大会は真の代議機関、民意機関ではなく、しばしば民主主義の飾り物と批判される。

県と県以下の人民代表は直接選挙によって選ばれる（図2−1）。中国では、立候補制ではなく、候補者は推薦・協議制によって選定される。推薦の資格をもつのは政党・団体か、あるいは投票資格を有する有権者一〇人以上の連名である。結社の自由が制限されているために、推薦を与える政党と団体は事実上、共産党、あるいは共産党と統一戦線を結んでいる民主諸党派、官製の団体に限られている。したがって、官製候補者以外の人物が候補者になるためには、一〇名以上の有権者の連名推薦を受けなければならない。当局にとって都合が悪い人物が選挙に出ようとする時には、推薦を取り下げるように推薦者に圧力をかけることも見られる。

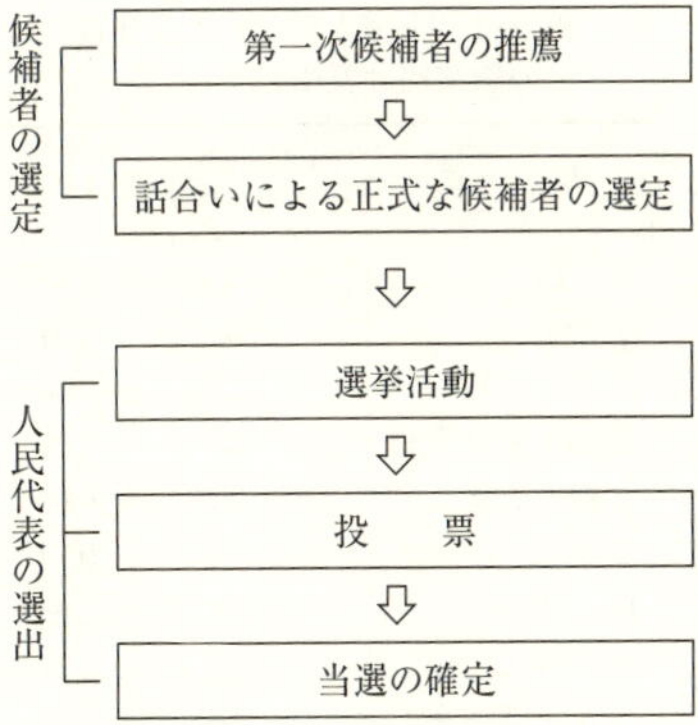

図2−1　県と県以下人民代表の直接選挙の手続きと手順

正式な候補者の人数は人民代表定員数の二倍以内とされる。第一次候補者の人数が定員の二倍を超える場合、有権者は正式な候補者の人選について協議する。選挙管理委員会はその協議結果を踏まえ、「多数の有権者の意思」に従って正式な候補者を決める。それができない場合、予備選挙で正式な候補者を決める。このように、候補者選定の手続きは煩雑で、基準が曖昧である。当局にとって、それは不

表 2-1　全国人民代表大会代表の職業統計表(2003 年)

職　　業	10 期代表(人)	割合(%)
農　民	56	1.88
労働者	30	1.01
スポーツ選手	13	0.44
警察と武装警察	48	1.61
金融業人士	20	0.67
企業家	613	20.54
医　者	88	2.95
法律界人士	69	2.31
作家・芸術家	48	1.61
中小学校教師	51	1.71
教授・研究者	348	11.66
軍　人	268	8.98
基層幹部	37	1.24
指導幹部	1,240	41.55
その他	55	1.84
合　計	2,984	100

出所：蔡定剣『中国人民代表大会制度』(第 4 版), 法律出版社, 2003 年, 221 頁

都合な人物を排除し、意中の人物を候補者に立てるには、まさに好都合なのである。

民主主義国家の選挙では、立候補者が選挙キャンペーンを展開し、有権者に対して自らの政策を説明し、支持を訴える。それは、有権者にとって、投票の重要な判断材料となる。人民代表の直接選挙では、選挙管理委員会が人民代表の正式な候補者の経歴を簡単に紹介し、ごく短い時間の立会演説を主催するが、選挙キャンペーンを厳しく規制している。反体制活動家が選挙キャンペーンを利用して、政治批判や体制批判を行うことを恐れるからである。

また、組織的なネットワークやメディアをもっているのは、共産党だけである。そのために、党の執行部は人民代表の選挙過程に対し決定的な影響力をもち、民間の候補者が当局のお気に入りの官製候補に勝つことはきわめて難しい。選挙には争点や競争性がほとんどない。投票率は高いものの、それは有権者の参加意識が高いというよりも、当局が組織的に動員を行った結

果である。

市以上の人民代表は間接選挙となる。県の人民代表大会は市、市の人民代表大会は省、省の人民代表大会は全人代の代表を選出する。党の執行部は定員より五％多い程度で候補者名簿を提出し、主として官製代表（当局の支持で当選した人民代表）から構成される地方の人民代表大会がその範囲で上級人民代表を決定する。したがって、市以上の人民代表は事実上、党の執行部が地域、男女、階層、職業、民族、政党（共産党、民主諸党派と無党派）などの「代表性」を考え、人選を選考し、調整した結果である。

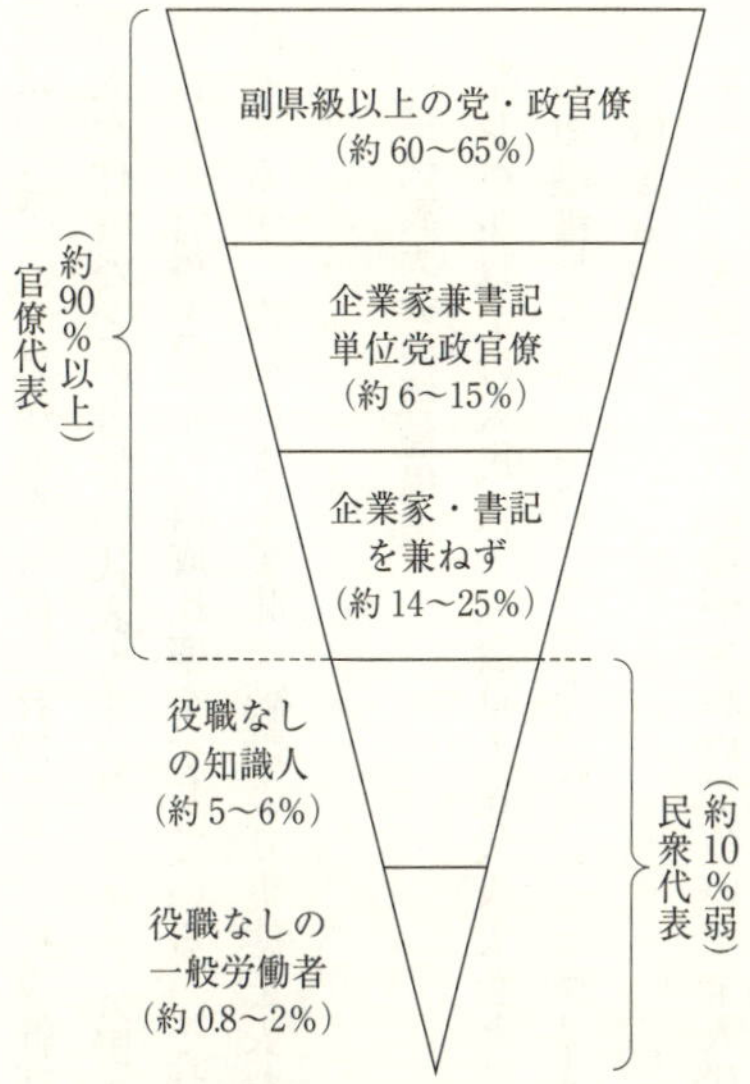

出所：http://yingxuejun.blshe.com

図2-2　安徽省出身の全国人民代表における官僚と民衆の構成比率

歴代人民代表大会の多数は共産党出身者で占められている。その中で、とくに注目されるのは、市長、市委書記、省長、省委書記らの地方指導者、国務院各部の部長、中央指導幹部が慣例として全人代の代表に選ばれているということである。表2-1が示しているように、三〇〇〇名弱の全人代代表のうち、指導幹部出身者が一二四〇名にも達している。また、軍人や作家などの各界の代表も主としてその分野の幹部である。図2-2は安徽省出身の全人代代表の官僚と民衆の構成比率を示している。それはインターネットで公表された非公式の統計であるが、当局による曖昧な統計より実態を表わしている。

人民代表大会の組織構造

県レベル以上の人民代表大会は人民代表大会とその常務委員会から構成され、いわば二層立ての組織構造となっている(全人代については図2-3)。そのうち、人民代表大会は以下のような特徴をもつ。

第一に、人民代表の人数がきわめて多い。全人代の代表は約三〇〇〇名、省級は六〇〇〜一〇〇〇名、市級は四〇〇〜六〇〇名、県級は二〇〇〜四〇〇名、郷鎮は六〇〜九〇名に達している。第二に、人民代表は兼職制であり、人民代表という肩書以外に本職をもつ。そのため、立法調査の時間が必ずしも十分に確保されていない。第三に、全人代と地方の人民代表大会は年に一回しか招集されず、その会期も大体一週間前後と短い。第四に、一部の人民代表は有名人ではあるが、政治と立法の素人にすぎない。

他方、人民代表大会常務委員会は人民代表大会によって選出される。効率や能力といった点

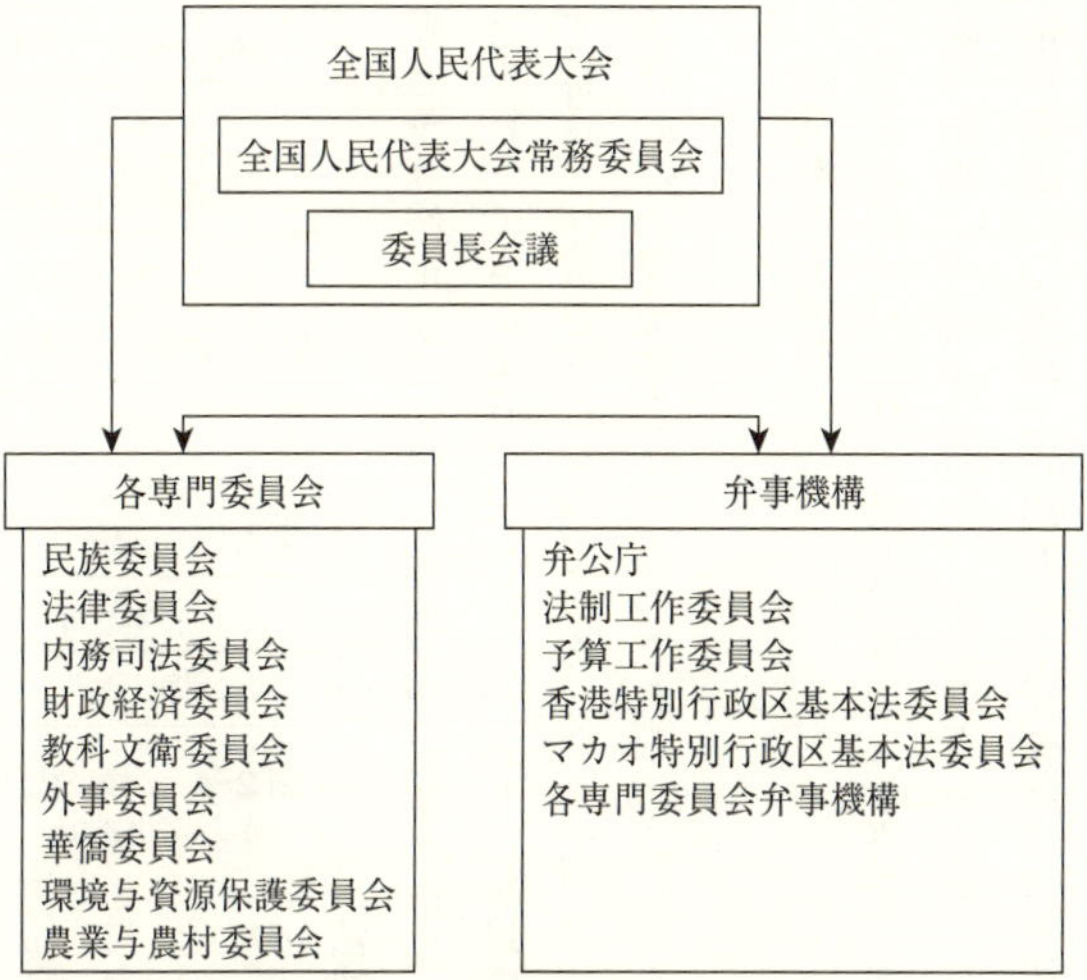

図 **2-3**　全国人民代表大会の組織構造

で、常務委員は人民代表より機能的である。第一に、全人代常務委員は一五五名と人数が少ないために、招集が比較的容易である。全人代常務委員会の全体会議は二カ月に一回開催され、会期が通常一週間程度である。また、臨時招集と会期延長が容易にできる。第二に、兼職制の全人代代表と比べれば、全人代常務委員会は専属委員の比率が高いために、法律や政策問題に関する調査研究の時間が確保される。さらに、全人代常務委員は主として副省長・副部長級以上の高級幹部、専門家から構成されており、豊富な専門知識と実務経験をもち、政策能力が比較的高い。

一九五四年憲法、一九七五年憲法、一九七八年憲法はいずれも全人代を唯一の立法

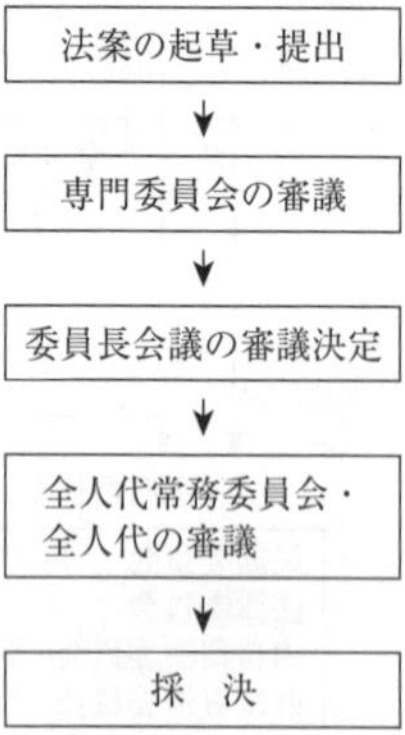

図 **2-4**　法案の提出から採決まで

機関とし、全人代常務委員会には条例の制定権しか与えていなかった。その後、現行の一九八二年憲法になると、憲法改正、刑事、民事および国家機構とその他の分野に関する「基本法律」の制定は全人代の専権とされているが、全人代常務委員会は「基本法律」以外の立法権、「基本法律」の改正、経済計画と予算修正案の審議と採択、国務院各部長・主任の任免権、「一府両院」に対する監督権などを行使できるようになった。一九八二年以降、八〇％以上の法律は全人代常務委員会によって審議・採択されたものである。全人代が審議・採択した「基本法律」もほとんど全人代常務委員会の予備審議を経たものである。このように、同委員会の権限が大幅に増強されている。

法律制定の過程

立法過程は、起草・提出、審議入り決定、審議と採決という流れをたどる（図2-4）。法案の提出機関は、「一府両院」、中央軍事委員会、全人代委員長会議、全人代各専門委員会、全人代常務委員一〇名以上の連名（全人代常務委員会が審議する法案の場合）、全人代主席団、代表団、全人代代表三〇名以上の連名（全人代が審議する法案の場合）に限られている。審議に付するか否かについて、委員長会議は専門委員会の審査意見を踏まえて決定する。

　国民や団体が行政機構、全人代代表、全人代常務委員たちに働きかけ、全人代代表、全人代常務委員たちがイニシアチブをとったりする法案が採決される例もあった。だが、法案を提出することが一番多いのは国務院である。

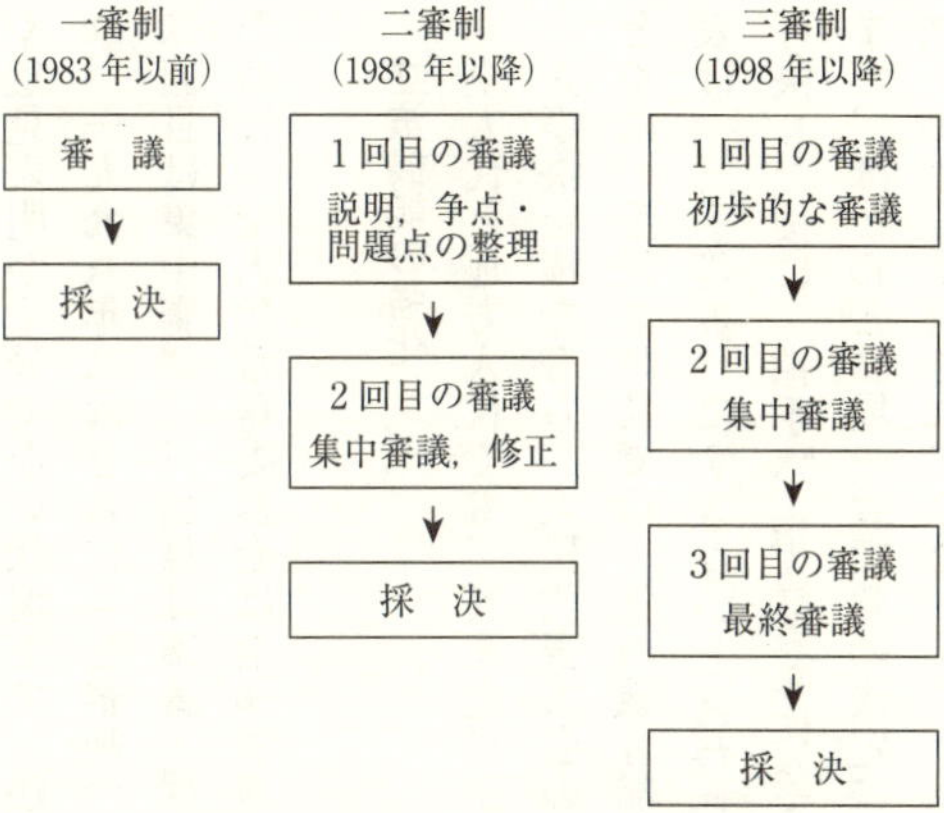

図 **2-5**　法案提出から採決までの流れ

　現在、全人代は常設機構として、民族、法律、内務司法、財政経済、教育科学文化医療衛生、対外事務、華僑、環境与資源保護、農業与農村の九つの専門委員会を設けている。このうち、法律以外の専門委員会の主な役割は、関連分野の立法活動に関して立法調査を行い、法案を起草し、審議可否に関する審査意見を委員長会議に提出し、審議過程で審議の意見を法律委員会に提出することである。

　一九八三年以前、全人代常務委員会の法案審議は「一審制」によるものだった。一度の審議のみで議決していたのである。そのために、立法調査や意見表明が十分でない状況下で、法案の採決が行われた。一九八三年に「二審制」が導入され、一九九八年にはさらに「三審制」へと切り換えられた(図2-5)。一回目は初歩的な審議、二回目は集中審議、三回目は審議・採決を行う。また、委員たちの意見表明の時間を確保するために、全人代常務委員会は全体審議の前に六つのグループに分かれて、審議を行っている。

立法機能の強化

全人代と地方人代でも、共産党員が過半数を占めるほか、党の執行部は常務委員クラス以上の人事決定権をもち、人民代表大会の中に党グループを設け、運営の主導権を握らせている。とくに、毛沢東時代では、党の執行部の決定に無条件に従わなければならないために、人民代表は「三手代表」にすぎないと言われてきた。つまり、法案を採決する際に「挙手」、法案を可決した後に「拍手」、指導者らに会う時に「握手」だけしていればよいという批判である。また、ほとんど満場一致で党の決定に賛成票を投じるため、人民代表大会は「ゴム印のイエスマン」とも批判されてきた。

毛沢東時代には、党中央と国務院が、決定、指示、命令および通知の形で政策決定を行ってきた。改革開放時代になると、中国政府は法治国家の建設を目標に掲げ、法律の整備に力を入れている。そして、法によって利害関係を調整し、社会衝突を解決し、秩序の維持を図ろうとしている。支配の方法が徐々に党治や人治から「法治」へと切り替わる中で、立法機関である全人代、とくに全人代の常務委員会が政策決定の重要舞台として浮上しつつある。

また、党中央は党の執行部への過度な権力集中を批判し、国家機関の役割を強化すべきことを主張してきた。とくに、一九八七年の第一三回党大会の政治報告は、党組織は権力組織ではなく、法定の手続きと手順に従って自らの意思を国家の法律や政策に変えて政治指導を図るべきことを強調した。全人代の立法計画、各法律の基本原則は事前に党中央の了承を必要とするが、法案の審議と採決の過程で、全人代とその常務委員会は徐々に自主性を高めている。

中国では、非共産党員の人民代表も共産党の執行部によって選ばれるという意味で、「オール与党」である。共産党執行部の決定で人民代表や常務委員の投票行動などを拘束すると、まさに満場一致の賛成となる。しかし、明らかに、それは権力内部の合意形成や利害調整に不利である。一九八〇年代以降、党中央は民主主義の拡大を掲げて、人民代表と常務委員の自主投票を認めるようになった。また、市場経済の導入によって、利益の多様化が急速に進んでいる。異なる利益の主張は立法過程で現われてくる。

その結果、人民代表、常務委員は独自の立場から意見を表明し、条文の修正を求めることができることとなった。強い反対意見が出される場合、全人代常務委員会はしばしば法案の採決を見送り、継続審議とする。たとえば、監督法と物権法は、立法活動の開始から採決されるまでにそれぞれ二〇年と一四年かかった。法案が否決されることも皆無ではない。全人代常務委員会が一九八九年に「居民委員会組織法」を、一九九九年四月に「道路法改正案」を否決した。

民意機関への模索と限界

民主主義国家では、議会は「言論の府」である。中国では、従来、人民代表は発言をしても、党と政府の政策を称えるばかりであった。他方、自由化が進む中で、ホットな社会問題や政策について、民衆の声を代弁し、当局の無策や不正を批判する人民代表も増えている。メディアは彼らを「明星代表」と称えている。

また、人民代表の中には「一府両院」の活動報告を審議・採決する際に、反対票や棄権票を投じる者もいる。政府、最高人民法院、最高人民検察院にとって、反対票や棄権票の比率が高ければ、それだけ政治的圧力が大きくなる。また、人民代表が質疑書(質詢案)の提出などで政府や司法機関の不正、腐敗を追及したりする場面も出現している。

ただ、先述するように、人民代表大会は年に一回しか招集されず、会期も一週間程度と短い。しかも、党の執行部は運営の主導権を握り、またメディアを厳しく統制している。その結果、現段階では、人民代表大会の政府に対する監督は迫力に欠け、「言論の府」までにはほど遠いのが実状である。とくに、予算審議権は近代議会政治の始まりであったが、全人代はほぼ無条件に政府の予算案と決算案を承認している。

真の議会政治は、自由で公正な国政選挙の実施を前提条件とする。中国にとって、それはこれからの民主化の課題である。当面、共産党が政治主導権を握る中で、現行の人民代表大会制度は主として共産党の政治支配と国家主導の開発体制に法的根拠を提供しようとするものであると言わざるをえない。

2　開発国家の行政制度

社会主義時代の行政

新中国成立以後、中国はソ連をモデルに社会主義政治経済体制を導入し、経済近代化に取り組み始めた。改革開放時代以前の行政は以下のような特徴をもっていた。

第一に、経済と社会の各分野に対し徹底した国有化と集団化を断行した。企業は集団所有、あるいは国有の形態が採用された。国有企業は規模や経済的重要度に応じ、中央、省、市、県などの管轄下に置かれた。農村は合作化運動と大躍進運動を経て、人民公社制度を導入した。他方、学校や病院などの社会組織はほぼ例外なく「事業単位」と称する政府の付属機関となった。

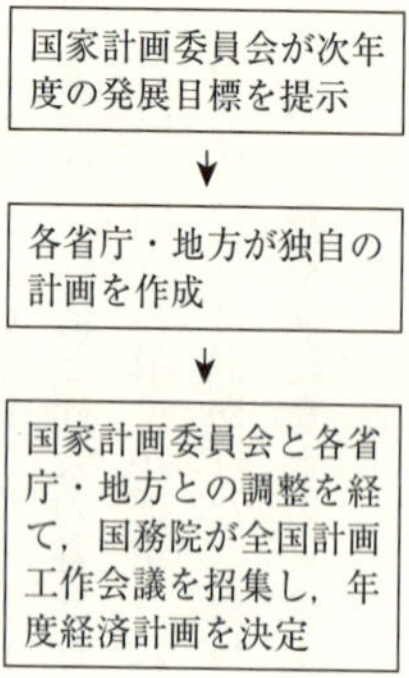
国家計画委員会が次年度の発展目標を提示
各省庁・地方が独自の計画を作成
国家計画委員会と各省庁・地方との調整を経て，国務院が全国計画工作会議を招集し，年度経済計画を決定
図 **2–6**　計画経済の流れ

こうして、国有企業と事業部門が国家機関と合わせて「大きな政府」を構成する中で、職場が前章で述べた社会統制の役割を果たすほか、事実上行政の末端を担っていた。たとえば、各種の証明書を発行し、医療や年金などの福祉を提供し、各種の紛争解決を図っていた。

第二に、経済行政は中央集権型の計画経済を中心に展開された。経済計画の内容は、工業農業生産、固定資産投資、エネルギー供給、重要物資と商品の調達・分配、賃金、財政金融、対外貿易、科学技術、社会発展などの広範囲にわたっていた。経済計画は年度計画、五カ年計画、長期構想の三つに分けられる。そのうち、経済指令として実行されるのは、年度経済計画である。全国の経済計画は中央省庁別と地方別（県は地区と市、地区と市は省に統合される）に分けられており、各種指標が最終的に企業別に分解される。中央省庁と地方政府、企業はそれを実行しなければならない（図2–6）。

こうして企業の国有、集団所有、農村の人民公社制度を実施し、中央指令型の計画経済体制を実行した結果、中国政府はすべての経済資源を占有し、強い資源動員力と経済統制力をもっていた。民間経済の空間は限りなく狭く、国有企業にも、人民公社にも経営の自主権はほとんどなかった。

第三の特徴は、国有企業、事業単位に対する管理業務や計画経済、社会統制関連の業務が著しく増大する中で、内閣である国務院から県以上の政府に至るまで、数多くの行政機構が設置されたことである。たとえば、日本では、旧通産省が鉱工業と内外貿易関連の行政をほとんどカバーしていたのに対し、第四回全人代が招集された一九七五年、国務院は鉱工業関連で二二もの部・国家局、内外貿易関連で六つもの委員会・部・国家局を設置した。

計画経済体制の下で、各行政機構の主な役割には二つあった。一つめは、担当分野の中長期と毎年度の経済発展計画や産業政策を制定し、重点プロジェクトを企画することである。そのうえで、国家計画委員会、国務院などの批准を得て、これらを実施する。

二つめは、国有企業と現業部門を管理することである。幹部人事の任免、生産計画、物資調達、製品流通、従業員の採用計画などに関する指示や指令が含まれる。現業部門を抱えていたのは、鉱工業関連の行政機構だけでない。たとえば、文化部は演出団体や映画製作所、衛生部は病院、教育部は学校を直接管理する。

計画経済体制の中で、国家計画委員会は、事実上経済内閣の役割を果たしてきた。具体的に、中長期的経済発展戦略、年度経済計画を策定するほか、経済の発展ビジョンに沿って地域間、産業間のバランスを図りながら、資金や資源の配分、重点プロジェクトの審査と許認可を行う。役割が重要であるために、副総理が国家計画委員会主任を兼任したり、国家計画委員会主任が後ほど副総理に抜擢されたりすることが多い。

近代化路線と行政改革

一九八〇年代以降、中国政府は六回にわたって行政改革を行ってきた。その主な目的は次のようなものである。第一に、機構の統廃合、人員の簡素化を行い、行政効率を高める。第二に、規制緩和を行い、経済の活性化を図る。とりわけ、政府と企業の分離(政企分離)を進めることで、企業の経営活動に対する政府の介入を制限し、企業の経営自主権を拡大し、確立する。第三に、市場経済の秩序を整え、マクロ経済運営の能力を強化する。第四に、公務員制度の導入や行政制度の改善を図る。

要するに、計画経済から市場経済への転換に合わせて行政改革を行うことで、経済発展を促進しようとしたのである。改革の結果、国務院の機構は次のような変化を見せた。

第一に、鉱工業関連の行政機構はその多くが廃止または縮小された。その産業政策の機能が国家発展和改革委員会に、国有企業管理の機能が新設の国有資産監督管理委員会に移された。

第二に、マクロ経済運営を強化する立場から、国家計画委員会は国家経済委員会、国家体制改革委員会などを吸収合併したうえで、国家発展和改革委員会に改組された。その役割が中長期、年度経済計画の制定から、産業政策、経済改革戦略、社会発展戦略の制定へと拡がった。

また、財政部と中国人民銀行などはマクロ経済運営に関しその影響力を拡大した。

第三に、市場経済の秩序を確立するために、銀行、保険、証券の三つの金融監督管理委員会などを新設した。工商行政管理機構の役割も向上した。

第四に、経済が発展するにつれ、環境保護や公共サービスの強化が強く要請されるようになった。そのため、環境保護局を環境保護部に格上げし、労働部などを人力資源和社会保障部に統合し、社会福祉政策を一本化した。

近年、中国政府は先進国の省庁設置を手本とし、大胆な機構統廃合によって総合官庁(中国語では大部制)を構築しようとしている。現段階では、官僚機構の抵抗もあり、総合官庁化の進展が遅い。また、経済、社会環境が変化し続けているために、行政機構の改編が頻繁で、機構の名称、地位と職権の区分も必ずしも厳密でない。

閣議決定の仕組みと部局間の調整

国務院は内閣にあたるが、その内部を見てみよう(図2-7)。国務院は組成部門、直属機構、弁事機構、直属事業単位などから構成されている。そのうち、組成部門、直属機構は職能機構として、国務院の指導下で所管分野の行政事務を担当し、行政権力を行使する。組成部門の行政地位は直属機構より高く、首長が国務院全体会議のメンバーである。

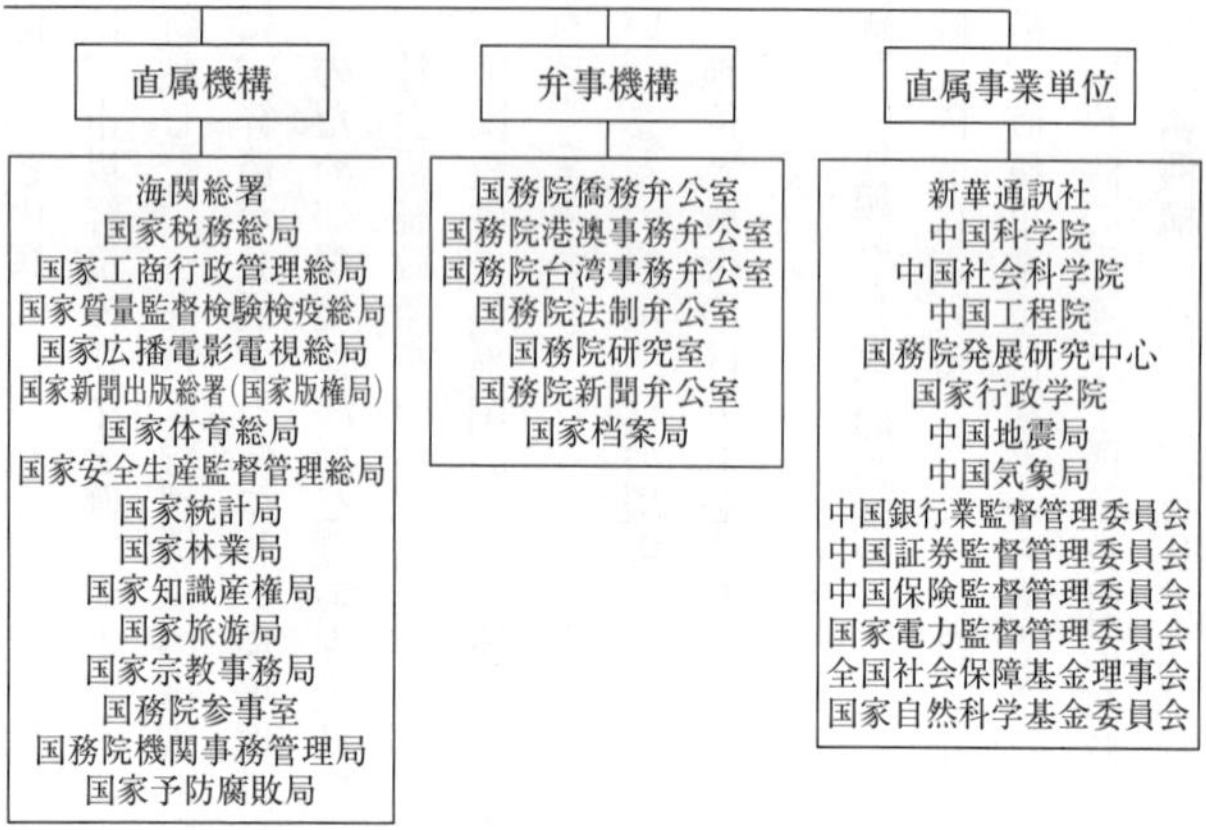

図 2-7　国務院の組織図

出所：『国務院関于機構設置的通知』(2008 年)をもとに作成

弁事機構は特定の分野に関し総理を補佐し、独立した行政職責を有しない。事業部門は基本的に行政管理の機能をもたないが、その一部（銀行、保険、証券などの三つの金融監督管理委員会、国家電力監督管理委員会）は国家の委託を受けて行政権力を行使している。

国務院常務会議と国務院全体会議は閣議に当たり、いずれも国務院総理またはその代理が招集・主宰し、合議制を採用し

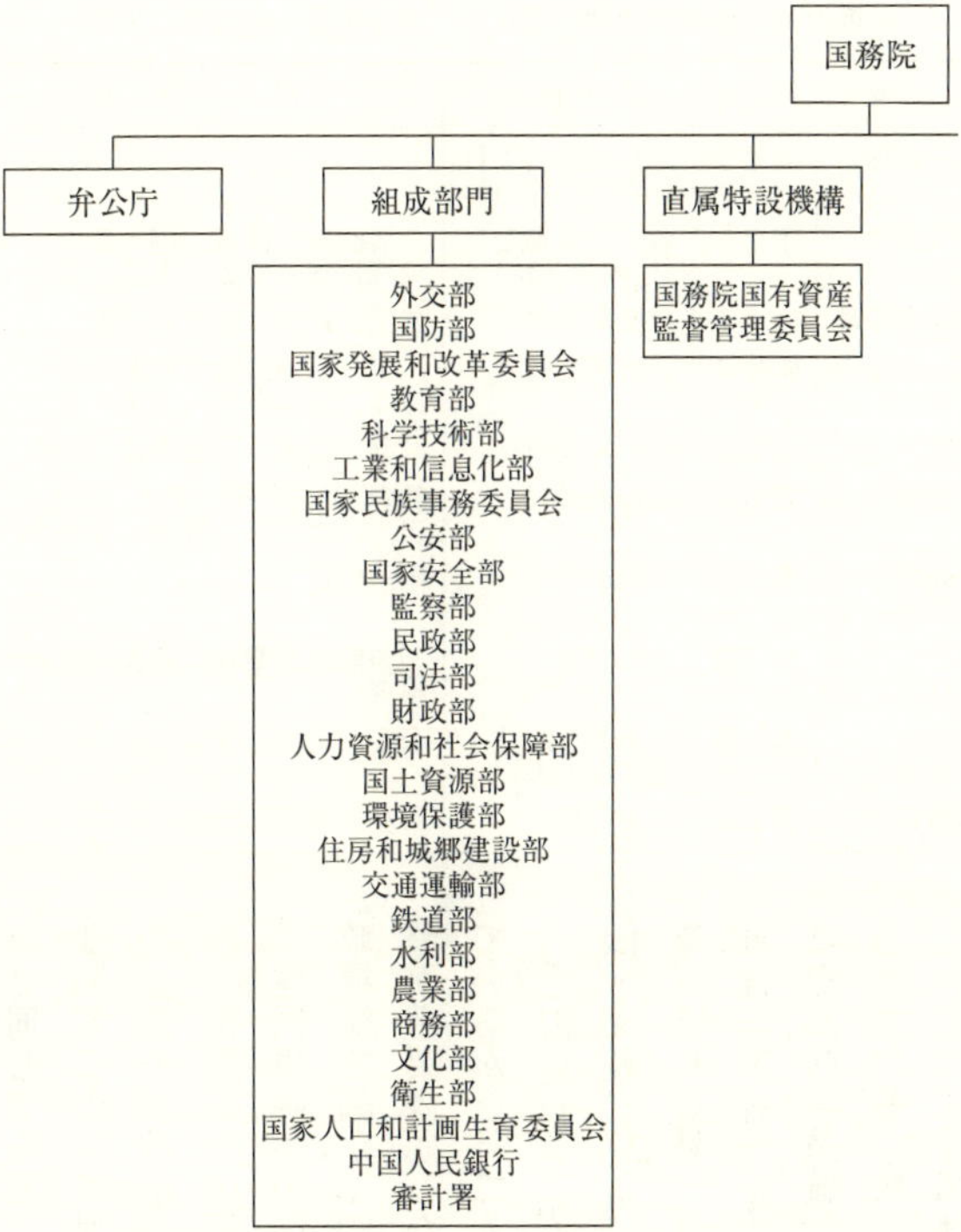

ている。そのうち、国務院全体会議は半年に一回開かれ、国務院全体の重要問題、国務院各部署の重要問題について討議、決定を行うことになっているが、その構成員が多すぎるために、会議体としてほとんど機能してこなかった。

　他方、国務院常務会議は総理、副総理、国務委員および秘書長により構成されている。現在、構成員は合わせて一〇名であり、顔ぶれは国務院党

表2-2　国務院総理・副総理・国務委員・秘書長

役職	氏名	党内序列	担当
国務院総理	温家宝	政治局常務委員（序列第3位）	
国務院常務副総理	李克強	政治局常務委員（序列第7位）	発展改革，財政，国土資源，環境保護，建設，人口，衛生
国務院副総理	回良玉	政治局委員	農業，民族，民政，宗教
国務院副総理	張徳江	政治局委員	工業，交通，人力資源，社会保障，企業改革，安全生産
国務院副総理	王岐山	政治局委員	商務，金融，市場管理，観光
国務委員	劉延東	政治局委員	教育，科学技術，文化・メディア，スポーツ，香港・マカオ
国務委員・国防部長	梁光烈	中央委員	国防動員
国務委員・秘書長	馬　凱	中央委員	国務院日常業務，監査，会計検査
国務委員・公安部長	孟建柱	中央委員政法委員会副書記	公安・司法・国家安全
国務委員	戴秉国	中央委員	外交，華僑，台湾

組と同じである。週一回開かれ、国務院の重要問題について討論し決定するほか、法律案の討論や行政法規の草案の審議を行う。ここが、国務院の中枢である。

建国以降、中国政府は分野別、業種別に行政機構を細かく設置したために、省庁間の調整が重要課題となる。それをどのように行っているかを見てみよう。

毛沢東時代から、軍事、組織・人事、宣伝・文教、政法(公安司法)、外交、計画・工業、財政貿易、交通運輸、農林などの関連分野は「系統」、または「口」と称される。それぞれの「系統」には複数の行政機構が設置されている。第一章で述べたように、各レベルの党の執行部は行政機構に対応させて数多くの事務機構を設置してきた。軍事はいうまでもなく、組織・人事、宣伝・文教、政法、外交といった分野は伝統的に党の事務機構が省庁間の調整を行う。

また、党の執行部と政府は「系統」別に分担責任者を決めている。中央では、副総理、国務委員（表2-2参照）がそれぞれ担当分野をもつほか、中央政治局常務委員、中央政治局委員、中央書記処書記は政府のポストをもたなくても、行政系統を分担する場合もある。とくに、党の行政担当機構のトップを兼任する党中央の指導者はそうである。

経済や社会発展を中心に政策課題が複数の省庁にまたがる場合、国務院が関係官庁の責任者や高官を集め、「議事協調機構」を設置する。国務院の関連条例によると、議事協調機構の決定事項は国務院の同意を得て、関連行政機構が執行責任を有する。二〇〇八年現在、国務院は三〇以上の議事協調機構を設置した。その中には、国務院西部地区開発領導小組、国務院扶貧開発領導小組などが含まれている。

たとえば、二〇〇七年、国務院は「国務院応対気候変化及節能減排工作領導小組」を設立し、温家宝総理が組長、関係省庁のトップが委員となった。同小組の主な任務は、地球温暖化対策、省エネルギーに関する重要戦略や方針、対策を検討・制定し、国際協力と交渉の方針を審議し、省庁間にまたがる課題の調整を図ることである。

事業部門の改革

前述したように、中国の政府部門は主として行政機構、事業部門と国有企業の三つから構成される。行政機構は行政権力を行使するが、事業部門は政府の付属機関、外郭団体であり、行政機構の委託を受ける以外に通常は行政権力をもたない。行政職員の定員(中国語では行政編制)と区別して、事業部門の定員は「事業編制」と称する。また、国有企業は独立採算制を導入し、営利を目的とするが、事業部門は営利というより、公益を目的とし、その運営費などが財政予算に組み込まれる。

一九九〇年代末の時点で、事業部門は教育、研究、医療、報道、演劇、芸術などの二五分野にわたって四〇〇〇万の職員、従業員を擁している。それは、八〇〇万人の「行政編制」の職員よりはるかに多い。事業部門の定員が多い理由は、二つである。第一に、改革開放時代では、教育・研究機関、病院および報道機関などの事業部門が急速に発展してきた。第二に、中国政府は行政機構・人員の簡素化を進める中で、行政機構の一部を事業部門にし、その職員を「事業編制」の職員に改めた。

しかし、事業部門の拡張を放置すると、政府はますます大きくなり、国民の経済負担となる。近年、行政改革の一環として、中国政府は経営自立が可能である事業部門に対し、独立採算制の導入や企業法人への転換を進めようとしている。二〇一一年に打ち出された方針では、二〇一五年に事業部門の分類を完了し、二〇二〇年に企業法人への転換を完成する予定である。政府系の研究機関は「技術開発類」と「社会公益類」に分類され、前者は企業に改組される。その主な目的は政府の財政負担を減らし、研究成果の製品化と市場化を促進することである。また、経営体制を確立するために、改組後の研究開発企業はほとんど株式制度を導入している。

大手のテレビ局、新聞社、ラジオ局のほとんどは「企業型経営」を導入し、経営の自立を果たしている。また、二〇一〇年現在、少数を除く出版社、政治・時事以外の一二五一の新聞社・雑誌社、一〇万社以上の国有印刷会社、三〇〇〇以上の新華書店（本屋）が企業法人へと切り換わった。市場の拡大や新規参入の制限は報道機関や出版社などの経営自立に大きく寄与している。

各種の文化団体はほぼ例外なく事業部門であった。一部の団体は経費の不足を解決するために、一九八〇年半ばからすでに営業活動を開始していた。一九九〇年代初期、中央政府は文芸、芸術、映画、ビデオなどを文化産業の一部として位置付けた。二〇一一年五月、中央宣伝部、国務院文化部は、一部の例外を除いて、すべての文化団体が二〇一二年上半期前に企業法人への制度改革を完成するように指示した。

従来、弁護士事務所、会計事務所、公証役場、資産評価機構、コンサルタント会社は行政機構ないし事業部門とされていた。一九九九年の一五期四中全会の決定はそれらを「社会仲介機構」と称して、政府部門からの独立を主張した。たとえば、弁護士は国家幹部から「社会に法律サービスを提供する従業者」に変わった。訴訟業務が少ない地方では、国有弁護士事務所がいまも多いが、民営の弁護士事務所はすでに主流になっている。

他方、病院、学校などは複雑な利害関係が絡み、公益性と経営効率との微妙なバランスが問われている。それだけに、ほかの事業部門と比べ、民営化の進展が遅い。二〇一〇年現在、私立病院は七〇〇〇を超え、全体の三〇%を占めるが、ベッド数は全体の一一%にすぎない。

毛沢東時代は事業部門を「上部構造」と考え、無条件に政治利益を経済利益に優先させていた。近年、市場経済化の改革が徐々に国家機構の一部である事業部門にも波及してきた。それは、党国家の部分的な変容をも意味するものである。

規制緩和とサービス型行政への取り組み

中国の行政は開発優先型と言ってよい。欧米などの先進国と比べれば、その特徴がとくに顕著である。たとえば、教育、社会保障、医療保険、就業への支出が財政全体に占める比率は、先進国では五〇%前後に達するが、二〇〇九年の中国では二八・八%しかない。他方、インフラ整備、重点プロジェクトといった経済開発関連の支出は比率が高い。

近年、経済的弱者の不満が強まり、社会が不安定化する中で、中国政府は開発最優先から経済発展と社会政策との両立への転換を始めている。それに合わせ、財政支出の重点をミニマム公共サービスの整備へとシフトしようとしている。もちろん、その動きはまだ始まったばかりである。

中国の行政体制はきわめて閉鎖的である。また、行政活動の重点はどちらかというと、公共福祉、住民サービスより、経済建設や社会統制に重点を置いてきた。民衆の目から見ると、政府は高圧的で、透明性や公正さに欠けている。とくに、役人の特権や汚職がはびこる中で、政府に対する信頼性が低い。環境の変化に適応するために、中国政府は徐々に情報公開を進め、行政参加と住民サービスの改善に取り組み始めている。

一九九八年以降、中国政府は経済競争力の向上を図るために、行政許認可事項の削減と規制緩和に力を入れている。削減の対象とならなかった許認可事項に関しては、手続きの簡素化とその公表が要求されている。二〇〇三年八月、全人代常務委員会は行政許可法を採択し、行政許認可の事項を新たに設ける際の手続きと手順を定めた。

行政機構は既得権益を守るために、さまざまな手口を使って規制緩和に抵抗している。たとえば、もともと一つの項目になる許認可事項をいくつかに分けて、廃止項目の「多さ」をアピールする。また、利権が少ない事項はすぐに廃止するが、利権に関わる許認可の事項は残そうとする。現段階では、許認可事項は形の上では大幅に削減されたが、効果が少ないと批判されている。

中国では、地方政府には合同庁舎がなく、行政部門のオフィスビルは互いに離れた場所にある。行政許認可事項が複数の行政部門の管轄にまたがる場合、申請者の企業や個人は許可や認可を得るために、大量の時間とエネルギーを費やすことになる。一九九〇年代末から、地方政府は行政サービスや投資環境を改善するために、行政サービスセンター(行政服務中心)を設けるようになった。各行政機構はそこで受付の窓口をつくり、関連の事務処理を行っている。また、許認可事項が複数の行政機構に関わる場合、関係行政機構はその場で協議、決定する。効率を上げるために、受理から決定までの期間も定められている。

行政参加の始まり

一九八〇年代半ばから、中国政府は政策決定の「民主化」と「科学化」という立場から、「専門家諮問制度」などの整備を主張し始めた。近年、民衆や利害関係者の意見を政策に反映させるために、公共料金の改正や環境評価、立法活動に関する公聴会制度の導入を試みている。

胡錦濤政権は「秩序ある政治参加の拡大」を提唱し、「人民の知る権利、参画権、主張する権利、監督権を保障すべきである」と主張している。「国務院工作規則」二〇〇八年版は、「国務院および行政機構は、民衆の利益と密接な関わりをもつ法律や行政法規を制定する際に、原則として草案を公表し、社会から意見を徴集すべきである」と述べている。

一党支配体制それ自体に変化はないため、中国の行政のもつ密室的な体質、特権的な地位、国民への高圧的な姿勢と腐敗の構造が容易に変わるものではない。実際、行政と国民との衝突や対立が頻発化している。経済的な権益を守ろうとする民衆、社会の公正を求めようとする市民は、抗議活動やインターネットなどを活用し、政府への監視、監督を強めようとしている。第三章と第五章ではその動きを取り上げる。

3　「法治」途上の司法制度

毛沢東時代の「党治」と「人治」

「法治」と対置される意味で、毛沢東時代は「人治」や「党治」であった。そこには、次のような傾向があった。第一に、共産党は旧秩序を破壊し、社会主義の新秩序を構築する際に、一連の政治キャンペーンを展開した。その際に、法的手段よりも、政治的手段ないし暴力手段に頼っていた。第二に、党の執行部の決定、とくに毛沢東個人の政治意思は法律を超越するものであった。行動の基準は法的規範というより、党の執行部ないし最高指導者個人が下した政治的決定であるために、恣意性が高かった。第三に、利害対立や官民衝突を解決するにあたって、司法機関よりも、職場や広義の行政機構が大きな役割を果たしていた。

「人治」「党治」の極端な例の一つが、一九五七年の反右派闘争である。「右派分子」とされた知識人が左遷、公職追放、強制労働、実刑判決の厳しい処分を受けた。その人数は家族と合わせて五五万人にも達した。右派分子の認定基準は党中央が下した決定である。しかも、中央から地方へ、また部門から職場に至るまで、上級機関が下級機関に摘発のノルマを課した。だが、基準が曖昧であるために、各地方、各部門、各職場は大きな裁量権を用いて、バラバラにあるいは恣意的に右派分子の摘発、処分を行った。開明的な指導者は「問題」のある部下を庇おうとしたが、専制的な指導者は基準を厳しく運用し、数多くの冤罪をつくったという。

共産党は社会主義制度を確立するにあたり、農村に関し土地改革(一九五〇年〜)、農業合作化運動(一九五四〜一九五六年)、人民公社運動(一九五八年〜)、社会主義教育運動(一九六四年〜)、都市部・企業に関しては「三反」「五反」運動(一九五一年〜)、社会主義改造運動(一九五六年〜)を推進してきた。共産党は工作組を派遣し、貧しい農民や労働者を動員し、吊し上げや闘争大会、行政処罰、刑罰などの手段を用いて、地主、富農、経営者らから土地改革や合作化、企業国有化への同意を強引に取り付けた。

一九五四年憲法の実施から反右派闘争までの間で、社会主義法制を推進し、司法制度の正規化・体系化を目指す動きも見られた。しかし、反右派闘争が一九五七年半ばに発生すると、法治建設の動きが止まり、党治、人治の色彩が濃くなってくる。たとえば、犯罪分子の立場に立っているといった政治攻撃を受け、弁護士制度が崩壊した。

さらに、一九六六年から文化大革命が発生すると、法院と人民検察院の職権が「公安機関軍事管制委員会」に統合された。一九七二年以降、裁判所は上から順に再建されたが、その主な役割は、それまでの間に公安機関軍事管制委員会が下した「判決」の見直しに限られていた。司法機構の「正常化」は文化大革命終結の一九七〇年代末まで待たなければならなかった。

文化大革命という内乱は一〇年間も続き、直接の被害者が数億人に達し、指導者や古参幹部の多くも政治的迫害を受けた。劉少奇は国家主席であったが、法的手続きを経ず失脚させられた。その後、劉少奇は監禁などの人身迫害を受け、失意のうちに病死した。

建国以降、彭真は政治局委員としてイデオロギー、司法分野を主管したが、一九六六年に反党集団の要員として失脚させられた後に、一〇年近くの監禁生活を強いられた。文革以後、彭真は復活し、政治局委員兼全人代副委員長として立法活動を担当すると、法治国家の建設に力を注ぐことになる。

法律の整備

文化大革命以降、法治国家の建設は権力内外のコンセンサスを得た。一九七八年末の一一期三中全会の決議、一九八一年の歴史決議は、すべての政党や組織、個人が法律を守らなければならないことを強調した。

一九八二年憲法の第五条は、「すべての国家機関、武装力、各政党と社会団体、各企業事業体は憲法と法律を守らなければならない。憲法と法律に違反するすべての行為は必ずや追及されなければならない。いずれの組織または個人も憲法と法律を超越する特権を有してはならない」と定めている。

中国の法律体系は、全人代とその常務委員会が制定した法律、国務院が制定した行政法規、地方人民代表大会が制定した地方法規、国務院の省庁が制定した行政規則などによって構成されている。また、改革開放の初期、経済関連法の空白を埋めるために、全人代は一九八四年に税制関連の条例、一九八五年に経済体制改革と対外開放関連の条例の制定権を国務院に委託した(条例とは、法体系の一部として全国と地方の人民代表大会、国務院が定めるもの)。二〇〇九年現在、法律は二三九件、国務院の行政法規は六九〇件、地方法規は八六〇〇件強に達している。

欧米式の体制や制度と区別するために、中国はしばしば「中国式」「中国特色」という表現を用いて中国の制度を説明する。中国政府関係者によれば、中国式法体系は憲法・憲法関連法、民法・商法、行政法、経済法、会社法、刑法、訴訟および非訴訟手続法の七つの法律部類から構成される。二〇一一年現在、全人代はすでに各法律部類の骨格となる「基本法律」を制定した。それらの「基本法律」はほかの法律、行政法規、地方法規、行政規則と合わせて中国社会の法秩序を構成している。

三〇年間の立法化の成果を踏まえ、呉邦国・全人代委員長は二〇一一年三月の全人代で、中国式法体系の基本的な完成を誇らかに宣言した。しかし、現在でも法律の空白が存在し、時代に合わない法規定も多く、法制度の不備という問題が依然として深刻である。中国式とは言うものの、早々の法体系完成宣言に対し、冷やかな意見が多い。

司法機構の整備

改革開放時代に入り、中国は司法機構の正常化を図り、法院と検察院の地位を強化しようとしてきた。また、裁判活動の原則として、一九八二年憲法と法院組織法は、法の下の平等、裁判の公開、弁護権の保障、裁判の独立などを定めている。

しばしば批判されるのは、中国の「裁判の独立」である。欧米各国は「裁判官の独立」を保障し、裁判官が法律と職業倫理に基づいて案件を審理し、判定を下す。他方、中国は「裁判の独立」を主張している。これは建前として、法院が裁判権を行使するにあたり、法的判断の形成に他からの圧力や干渉を排し、公正かつ厳格な判決を下すことである（『現代中国法入門』）。

しかし、中国の法院内部では、法院院長、庭長（裁判長）から構成される裁判委員会が重大案

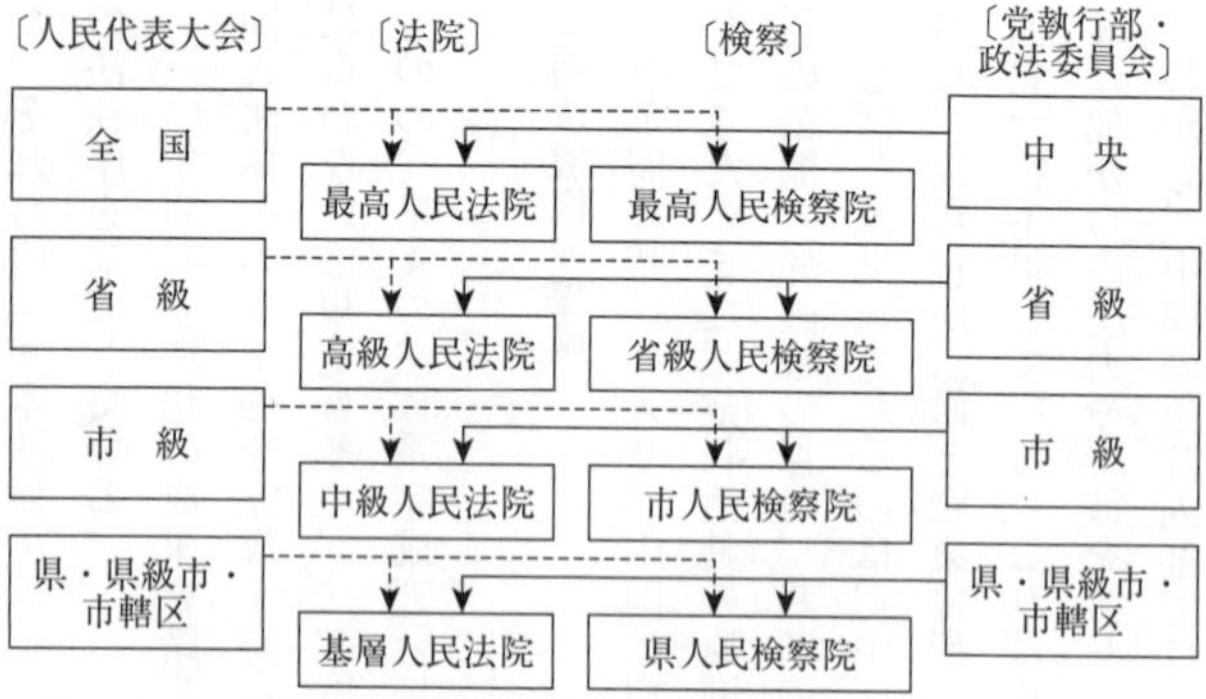

注：--➤ は，制度上，各級人民代表大会が法院を統制し，院長を選出することを意味する．
　　─➤ は，人事権・政策のイニシアチヴを意味する．

図 **2-8**　中国・司法機構の仕組み

件に関し判定権をもっている。事件の審理と判決が別々の主体に帰属する「審而不判、判而不審」という現象が生じている(『中国にとって法とは何か』)。とくに、後述するように、党の執行部と政法委員会は制度的に司法機構の運営や司法過程に深く介入しており、「裁判の独立」は必ずしも実現されてはいない(図2-8)。

毛沢東時代には、法律家の育成が大幅に遅れ、裁判官、検察官などは退役軍人の出身者が多かった。改革開放時代に入ってから、中国政府は専門性を確保するために、一九八六年から裁判官、検察官、弁護士それぞれに異なった司法試験を導入し、法律専門の大卒者や実務経験者などを受験の資格要件とした。

二〇〇二年より、中国は統一司法試験を始めた。受験資格は、中国国籍と被選挙権のほか、法専門の学士の場合は卒業後に二年間、法律専門以外の修士・博士の場合は一年間の法律関連の実務経験を必要とする。初の試験には全国で約三六万人以上が出願し、二万四〇〇〇人が合格した。合格率は七・七%であった。

弁護士の人数は一九七九年の二一二人から二〇一〇年の一九・四万人と急速に増えてきた。二〇〇九年の一年間だけで、三万人の弁護士が生まれた。弁護士資格の取得が比較的容易で、仕事の競争が激しいという点では、アメリカに似ているだろう。

先進国と比べれば、国家から独立するという意味で、中国の弁護士には自治が存在しない。各地の司法機構は弁護士と弁護士事務所のライセンスを手段とし、弁護士活動を厳しく管理している。こうして政府が嫌がる事件の弁護活動は大きな制約を受けている。

憲政実現への課題

法治を語る際に、法の支配(rule of law)と法治主義(rule by laws)の二つの原理を区別することが重要である。法の支配は国民の権利と自由の保障を目的とし、以下の四つのことを普遍的な原則とする。第一は、憲法の最高法規性の観念である。第二は、権力によって侵されない個人の人権保護である。第三は、法の内容・手続きの公正を要求する適正手続の保障である。第四は、権力の恣意的な行使を抑制する裁判所の役割に対する尊重である(芦部信喜『憲法』第五版)。

他方、法治主義は、手続きとして正当に成立した法律であれば、それが人権保護と合致するか否かという内容の適性を問わない。したがって、法治主義は、法律によって権力を制限するという点で「法の支配」と共通するが、民主主義と結びついて発展した「法の支配」の原理と異なり、権威主義体制とも結びつき得る原理である。現段階では、中国政府は人権保障や憲政を前提とする法の支配より、法治主義を目指しているといえる。

現行の一九八二年憲法は市民の権利について一八カ条を定めている。一九五四年憲法の一四カ条、一九七五年の二カ条から比べると大きく拡充した。自由権や参政権に関しても、言論、出版、集会、結社、行進の自由(第三五条)、信仰の自由(第三六条)、人身の自由(第三七条)、人格権(第三八条)、住宅の安全(第三九条)、通信の自由と通信の秘密(第四〇条)、選挙権(第三四条)、政府に対する批判権、建議権、監督権(第四一条)を明記している。

しかし、実定法の多くは市民の権利を保障するものではなく、権利に対する厳しい制限に力点を置いている。政治的自由と権利は、とくにそうである。たとえば、社会団体登記管理条例(一九九八年一〇月二五日)は、社会団体が各レベルの民政局に登録する前に、政府の業務主管機関の公認を受けなければならない。現段階では、NGOの多くが業務主管機関の承認を得られないために、企業法人として工商管理局に登録するか、非公認の「草の根」NGOとして活動せざるをえない。また、集会デモ行進示威法とその実施条例は厳格な許可制を定めている。これまで、デモの申請はほとんど認められなかった。出版管理条例や印刷業管理条例によると、出版社や印刷会社の設立もまた特別な行政許可を必要とする。

一九五七年以降から今日に至るまで、中国は労働教養制度を実施している。警察当局は、罪が軽い犯罪者に対して、裁判を経ずに最長四年間の強制労働を実施することができる。他方、現行憲法の第三七条は、「いかなる公民も、人民検察院の承認もしくは決定または人民法院の決定のいずれかを経て、公安機関が執行するのでなければ、逮捕されない」と定めている。このことから、近年、労働教養制度は憲法第三七条、立法法第八条と第九条、行政処罰法第九条に反するものとして厳しい批判を受けている。

憲法の実効性を担保するために、憲法保障ないし違憲審査制度は必要不可欠である。中国憲法は立法機関、つまり全人代とその常務委員会に違憲審査権を与えている。また、立法法(二〇〇〇年)は憲法適合性の判断に関する具体的な手続きを設けた。それによると、国家機関、社会団体、企業、市民は違憲審査の建議権を有する。

しかし、憲法違反の現象が大量に存在しているにもかかわらず、これまで、全人代は違憲審査の請求を受理・審査し、違憲有無の決定を下すことがまったくなかった。こうして、既存の違憲審査制度が空洞化する中で、法学者らは全人代憲法監督委員会や憲法裁判所の設置などを提案したりしている。胡錦濤政権も発足当初、違憲審査のメカニズムの改善に前向きな姿勢を示したが、その後、実質的な進展はほとんどなかった。こうして、憲法の有名無実化が依然として深刻な問題である。

党の政法委員会と紀律委員会の司法権

改革開放時代に入ってから、中国の法治主義が徐々に進んでいるものの、残された課題も多い。たとえば、党中央は司法制度の整備や司法政策の策定に関しイニシアチブをとるだけでなく、中央と地方の党の政法委員会や紀律検査委員会が、日常的に司法機構の運営や司法過程に深く介入している。

中央と地方の党の政法委員会は裁判所、検察、警察、司法などを統括し、司法、治安管理業務に関し全般的な指導活動を行うほか、重要な事案について決定を下す。その構成員は党の指導者のほか、司法、治安機関のトップから構成されている。中央政法委員会（表2-3）を例にとると、中央政治局常務委員は中央政法委員会書記、中央政治局委員、国務委員（副総理級）兼公安部長はその副書記を兼任している。

ちなみに、治安が大きな課題となる中で、党中央は二〇〇三年一一月に、地方党委員会の常務委員または政府の副職（副省長、副市長、副県長）が省、市、県の警察局長を兼任するように指

表 2-3　党中央政法委員会の人事構成

書　記	周永康(政治局常務委員)
副書記	王楽泉(政治局委員，中央社会管理綜合治理委員会副主任) 孟建柱(国務委員，公安部長，武装警察第一政治委員)
委　員	王勝俊(最高人民法院院長) 曹建明(最高人民検察院検察長) 耿恵昌(国家安全部長) 呉愛英(司法部長) 孫忠同(中国人民解放軍総政治部副主任) 陳冀平(中央社会管理綜合治理委員会副主任) 王建平(武装警察中将)
秘書長	周本順(中央社会管理綜合治理委員会副主任)

示した。憲法上、裁判所と検察院の地位は警察局より高い。しかし、警察局長は政法委員会書記や政府の副職が兼任することで、実際の権限と地位は裁判所や検察院のそれよりも高くなっている。

開発独裁路線の下で、政府は経済開発を主導し、経済活動に深く関わっている。その中で、公権力を使って個人的な利益を図る政治腐敗が多発し、強い政治的不満を招いている。共産党は中央から地方に至るまで紀律検査委員会を設け、高官の汚職の取り締まりを担当させてきた。各級の紀律検査委員会は党の代表大会によって選ばれるほか、中央と地方の紀律検査委員会第一書記は中央政治局常務委員、地方党委員会常務委員に選ばれる。

疑惑の高級幹部は豊富な人脈を利用して上層部を動かし、取り締まりを妨害することが十分に考えられる。紀律検査委員会に強い権限を与えることは、腐敗への取り締まりの有効性を確保するという点では、合理性を有するであろう。しかし、党の紀律検査委員会が特捜検察のような国家権力を直接行使することは、司法の独立が必ずしも保障されていないという政治体制の欠陥をも露呈している。

また、党の紀律検査委員会が汚職事件を調べる際に、容疑の幹部に対し「双規」、つまり規定の場所、規定の時間で犯罪の事実を白状させようとし、いわば超法規的な権力を行使している。それは法の適正手続きに反し、容疑者の権利を侵害している。さらに、汚職の摘発が党内権力闘争の道具に使われる可能性もしばしば指摘されている。

司法腐敗の深刻さ

司法においても腐敗の問題がきわめて深刻化している。法曹はしばしば当事者や、さらに悪質な場合には原告と被告の双方から賄賂を受け取る。弁護士の「腕」は法律の専門知識の有無でなく、裁判官とのコネで決まってくると、しばしば言われているほどである。

二〇〇九年の最高人民検察院の活動報告によると、収賄などの罪で摘発を受けた役人は二〇〇八年に一万三〇〇〇人に達した。そのうち、司法機関出身者は二六二〇人で、全体の約二〇%を占めた。

いままで、最高位の裁判官として摘発を受けたのは、黄有松・元最高法院副院長である。彼は在任中に収賄の容疑で逮捕・起訴され、最終的に無期懲役の実刑判決を受けた。二〇一〇年七月には、文強・重慶市元司法局局長の死刑が執行された。彼は一九九六年から二〇〇九年まで重慶市公安局副局長、同司法局長を務めていた間に、職権を利用しマフィア組織(中国語は黒社会)から一二〇〇万元強(約一億六〇〇〇万円)という巨額の賄賂を受け取り、マフィア組織の非合法活動に便宜を図っていた。

司法改革への視点

近代国家では、司法制度は紛争・衝突を解決する最終的な手段とされている。司法制度を機能させるためには、法律と司法機構の権威を確立しなければならない。しかし、法の支配は言うまでもなく、法治国家建設の視点から見ても、中国は司法の独立、裁判官の独立、専門主義と職業倫理などに関し、いまだに重大な欠陥を抱えていると言わざるをえない。

中国の法治主義は次のような深刻なディレンマに直面している。近代化が進展するにつれ、人々の利益要求が強まり、利益対立や社会衝突が頻発している。しかし、法律の制定、司法機構の整備および法意識の改善が必ずしも急速な社会変動に追いついていない。そこで、共産党は政治や行政の手段に頼って紛争の解決と社会秩序の安定化を図ろうとしている。だが、こうした政治介入は司法の権威の確立を妨げているのである。

他方、長いスパンで見る時、法治国家の建設は徐々に成果を上げているのも事実である。法律や司法制度の整備が進んでいることは前述した通りである。そのほかに、国家権力に対する法的制限、国民による法律の活用が部分的であれ成果として強調されるべきであろう。

中国を含む伝統社会では、国家権力とその統治行為を拘束する法がなく、司法は行政から未分離であった。民衆の権利や利益が統治行為によって侵害されていても、国家に対してその是正・救済を訴えることがきわめて難しい。建国以降、中国は信訪(直訴)制度を行政苦情処理制度としてつくったが、救済が上級指導者個人の判断に大きく依存するために、恣意性が高く、有効性も低かった。

一九八〇年代末から、中国は行政訴訟法、行政不服申立法、国家賠償法、行政許可法などを制定し、民衆に権力を訴える権利を与えた。また、行政行為は法的手続きや手順を守らなければならないとされている(『現代中国法入門』)。

ある中国法研究者が指摘したように、中国は近代に入ってからも、法が常に政治に従属し、権力者が何かを実現するための道具とされてきた。民衆にとっては、法は実生活から遊離した空虚な事柄であった(『中国にとって法とは何か』)。しかし、法治国家の建設が徐々に前進するにつれて、民衆側も法律を活用して、権利の保護と拡大を図ろうとしている。

重慶では、住民が憲法と物権法を根拠として、強制立ち退きに懸命に抵抗し、世論から強い支持を得た。また、近年、リベラルな知識人らはすすんで人民代表の選挙に立候補しようとしている。世論は当局のお気に入りの官製候補と区別し、彼らを独立候補者と称する。政府は独自の立候補活動に対し「欧米型の競争文化を中国にもち込むな」と警告するが、独立候補者は選挙権と被選挙権を憲法的権利と主張し、引き下がろうとしない。

法治国家の建設と司法への政治介入が併存する状況を、転換期の特徴として捉えることもできるであろう。共産党は司法に対し主導権を行使することによって、転換期における秩序の安定化を図ろうとするが、法治国家の建設が前進するにつれて、政治の役割が低下し、法の役割が増大してくることはもはや大きな流れとなっている。中国政府は時代の変化に遅れながらも、司法制度の改革を続けざるをえない。もちろん、そうであっても、法治国家建設のプロセスが一直線に進むわけでは決してないであろう。

第三章　開発政治の展開

一九八〇年代以降、毛沢東時代の挫折を背景として、中国は社会主義型の近代化路線から開発独裁路線への転換に踏み切った。政治面では、一党支配体制と社会統制によって強い政治指導力と政策実施能力を維持し、社会秩序の安定化を図り、経済発展に有利な環境を整えようとする。経済面では、「生産力中心論」や「発展は固い道理だ」(鄧小平の言葉)を高く掲げて、市場メカニズムの導入、民営化の推進、規制緩和などの市場化改革を行ってきた。

開発独裁路線の下で、中国は三〇年間にわたる急速な経済成長を実現した。他方、環境破壊が進み、貧富の格差が拡大し、腐敗問題が深刻化した。それに対して、政治的不満が強まり、集団抗議活動が増えている。こうした中で、中国政府がミニマム公共サービスの整備を中心に弱者の保護に力を入れ、従来型の開発最優先から経済開発と社会発展を両立させようとしている。

本章は分配の政治や開発路線の転換を取り上げる。

1 市場経済化と格差の拡大

近代化の「遅い」出発点

新中国の成立によって、中国は政治的求心力の確立や社会秩序の安定化を達成し、近代化建設の環境を整えた。しかし、経済体制の欠陥や政策運営の失敗が原因で、毛沢東時代は期待されるほど経済建設の成果を上げることができなかった。一九七八年、人民元の為替レートは一ドルが約一・七元(二〇一〇年現在、一ドルは約六・五元)と人為的に高く設定されたにもかかわらず、一人当たりのGDPは二〇〇ドル未満であり、インドのそれを下回っていた。

経済発展が遅れたために、国民は極貧の生活を強いられていた。食糧や日常生活用品は慢性的な供給不足の状態に陥り、政府は最低レベルの生活を保障するために、穀物、肉、魚、食用油、布、石鹼などについては配給制度を実施していた。配給証がないと、国家価格より高い値段で生活用品を購入しなければならなかった。

一般的に社会主義国家では、経済発展の水準に比べて、福祉の水準は比較的高い。しかし、中国の場合、所得、生活配給品、教育、医療、年金などの社会主義型福祉を享受するものは、主として国家幹部と労働者に限られていた。また、都市労働者の経済地位が高いといっても、それはあくまでも極貧の農民に対するものであった。国際的な基準からすると、都市労働者の多くも貧困人口に属していたであろう。ちなみに、一九八〇年、都市部のテレビ普及率は二五〇世帯に一台にすぎなかった。

産業化と都市化は遅々として進まなかった。一九六〇年代、とくに文化大革命に入ると、都市部の就職口が減った。就職を待つ「待業青年」を減らすために、数多くの都市青年が農村や辺境地域に送られた。「下放青年」と言われる人々である。一九七〇年代末、都市と農村の労働人口はそれぞれ三割と七割を占め、中国は名実とも農業国であった。

農民は戸籍移動が制限され、人民公社に配属された。生活配給や公共サービスは都市部より差別されていた。農民は農産物を生産し、政府に割り当ての「公糧」を納付しなければならず、残りを「口糧」(自家用食糧)とした。労働生産率が低いために、食糧が足りず、飢餓を強いられた農民も大勢いた。

市場経済化の「光」と「影」

一九八〇年代以降、本格的に経済建設に乗り出した時、中国は名実ともに貧しい大国であり、近代化の第一段階にしてもスタートラインに立つのが遅かった。保守派は体制改革に抵抗を試みたりしたが、何よりも文化大革命などの失政に対する反省、「先進国に追い付き、追い越す」という強い政治的意思、そして豊かな生活を夢に見る国民の切実な願望が、市場経済化のダイナミズムを生み出してきた。「生産力中心論」「発展は固い道理だ」「奔小康」(ゆとりのある生活に向けて)は政府と民衆が共有するキャッチ・フレーズとなり、市場経済の思想が徐々に中

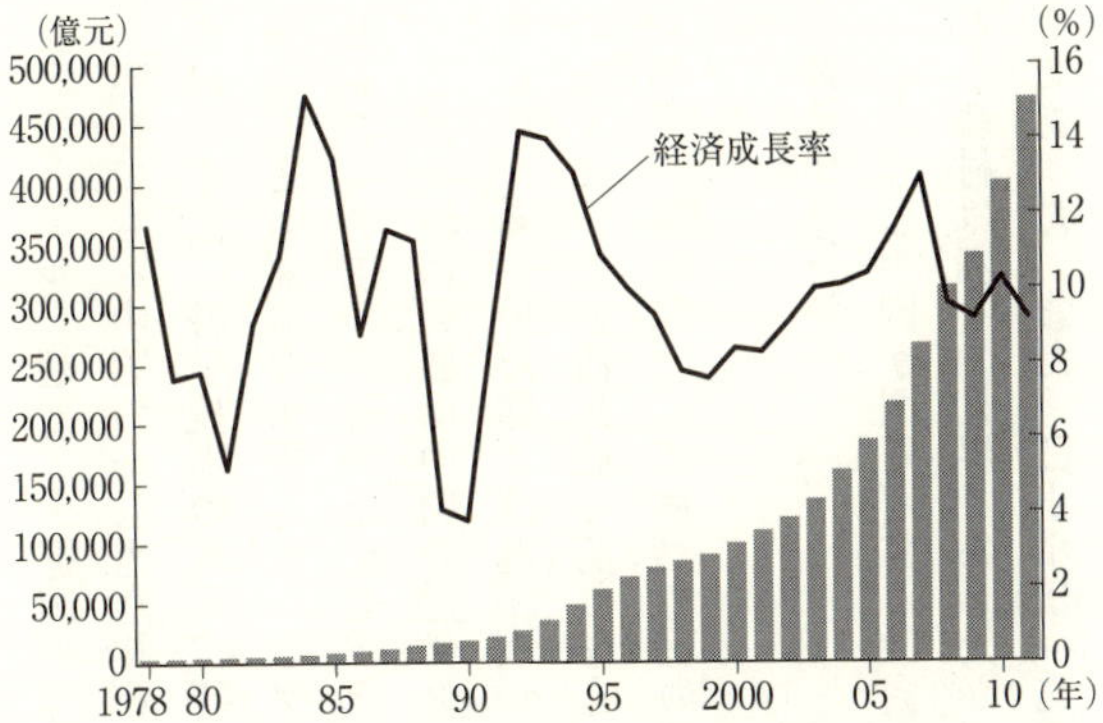

図 3-1　GDP と経済成長率の推移(1978〜2011 年)

国社会に浸透し、政治、経済、知識エリートの思考様式を支配していた。政策上、平等や公平を主張する声が徐々に強まってくるのは、胡錦濤政権になってからである。

経済発展という点では、市場経済化は大きな実績を築き上げた(図3-1)。三〇年間にわたって年平均九%以上の経済成長率を保った結果、中国のGDPは二〇〇六年に米国、日本、ドイツに次ぐ世界第四位に、二〇一〇年には日本を抜き、世界第二位へと躍進した。世界の工場の地位は言うまでもなく、対外貿易、外貨準備高、自動車販売台数、高速鉄道の規模、インターネット利用者数などは世界第一位を誇るまでになった。

国連などの基準では、貧困国は一人当たりGDPが八七五ドル以下、低所得国は八七六〜一六七五ドル、中所得国一六七六〜三四六五ドル、中進国は三四六六〜六〇五五ドルとなっている。中国の一人当たりGD

Pは一九七八年の二〇〇ドル未満(三八一元)から、二〇〇六年に二〇〇〇ドル、二〇一一年に五〇〇〇ドルを超え、中進国の仲間入りを果たした。

現在でも、中国の一人当たりGDPは日米欧の先進国の一〇分の一にすぎず、経済システムや経営手法、科学技術の水準、研究開発能力、労働生産率などで遅れをとっている。しかし、少なくとも廉価な労働力やハングリー精神をフル活用して、「日本の奇跡」「東アジアの奇跡」と並ぶ「中国の奇跡」を見せ、そして現在でも急速な発展の勢いを保っている。

急速な経済発展は中国の近代化を第一段階から第二段階へと押し上げた。しかし、それにともない、新しい問題と課題が次から次へと浮上してきている。国民は生活の改善や国際的地位の向上に一定の満足感や誇りをもつと同時に、さまざまな理由から政治や社会の不条理に不満や不平、場合によって強烈な怒りすら感じている。

経済格差の拡大

もともと中国が国是とする社会主義は平等と公平の理念を重視する。社会主義時代では、都市と農村は別々の世界であったが、都市と農村の内部においては、人々は貧しい生活を前に平等であった。また、鄧小平は「先富論」を主張したが、やがて先に豊かになった人々が貧しい人々を支援し、大多数の国民がともに豊かになる「共同富裕論」をも主張した。

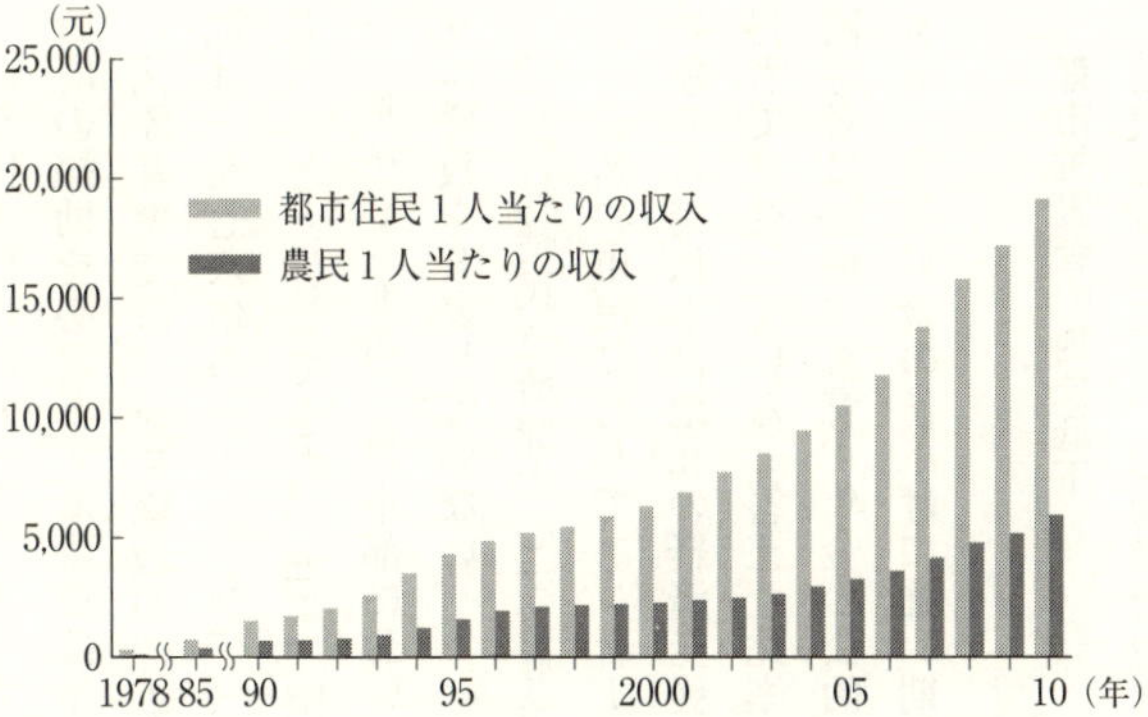

図 **3–2**　都市住民と農民の所得格差

改革開放時代の三十数年間、経済が急速に発展するにともない、都市と農村、東部と中西部、都市内部で経済格差が拡大していった。都市と農村の所得格差は一九七八年の二・四七倍、一九八五年の一・九倍、一九九五年の二・八倍から二〇一〇年の三・二三倍へと、東部と西部の格差は一九七八年の一・五倍から二〇一〇年の二・五倍へと拡大してきた(図3−2)。

都市部では、一〇%の最高所得層と一〇%の最低所得層の格差は、二〇〇二年の五・一倍から二〇〇六年の五・三倍へと拡大した。一〇%の最も裕福な都市住民層は都市全体の資産の四五%を保有するが、一〇%の最も貧しい都市住民層はわずか一・四%をもつにすぎない。

また、都市部では二二四七万人が最低生活保障制度によって生活保護を受けている。農村では、二〇〇五年現在、一人当たり年間所得が六八八元(一万円弱)以下の貧困人口は二六一〇万人、六八九～九二四元の低所得人口は五〇〇〇万人弱、災害などで政府の援助を必要とする農民は年間二〇〇〇万人強に達する。

国際基準では、ジニ係数が〇・五を超えると極端な不平等の社会と言われる。中国のジニ係数は一九七八年の〇・三一七から、二〇〇四年に〇・四の警戒線を突破し、二〇〇六年の〇・四九六へと上昇してきた。近年、国家統計局は農村部におけるジニ係数を公表しているが（二〇一一年は〇・三九弱）、都市部においては富裕層の所得を正確に把握しきれていないことを理由にジニ係数を公表していない。

「広州社情民意研究中心」（政府系の世論調査機関）は二〇一二年二月に、北京、上海、広州の二〇〇〇名の市民に対してアンケート調査を行い、その報告書を公表した。それによると、調査対象の六割以上は地元の経済発展から十分な成果を享受していないと答えた。そのうち、高所得者で享受していると答えた比率は六二％に達するが、低所得者は二一％にすぎない。また、回答者は医療、教育、年金の公的サービスの水準の引き上げ、個人所得の増加、教育費、交通、水道、電気料金の値下げに強い期待を寄せたという。

都市労働者の地位低下

毛沢東時代には、労働者は特権的な地位にあった。「働いても働かなくても、待遇が同じである」と言われるほど、努力や能力、成果はほとんど報酬に直結せず、労働者間あるいは労働者と幹部の間では、その差が比較的小さかった。また、計画経済の時代であったため、国有企業の倒産がありえず、労働者は事実上終身雇用が保障されていた。さらに、国有企業は労働者本人とその家族の医療費を全額負担し、定年退職者には「退休工資」という名目で現役時代の月給の七割相当となる年金を支払っていた。

しかし、市場経済化の改革によって、労働者を取り巻く環境は徐々に悪化していった。そのきっかけをつくったのは、企業間の競争である。社会主義時代では、企業はほとんど国有であり、企業間で競争はほとんど存在しなかった。改革開放の時代に入ってから、郷鎮企業(農村地域における企業。一九八〇年代以降は急速な発展を遂げた)、民間企業、外資系企業は市場メカニズムを生かし、急速な発展を遂げてくる。激化する企業競争を前に、国有企業は経営体制の遅れ、高コストなどの原因で、経営が悪化していった。

さらに、一九九〇年代半ばに入ると、国有企業は独占企業などを除き、ほとんどが赤字経営に陥っていた。こうなると、政府は財政上、もはや国有企業を支えきれない。一九九〇年代後半以降、中国政府は「抓大放小」(大をつかまえ小をはなす)という方針を打ち出し、思い切った改革に乗り出した。大手国有企業に関しては国有体制を変えず、株式制度の導入などで近代的な企業制度を整備するが、中小の国有企業に関しては、売却を中心に民営化を断行した。

「抓大放小」の方針に合わせて、経営重視型の雇用制度、報酬制度、医療・年金制度の改革が大々的に着手された。その結果、労使関係は経営者が絶対的な優位に立ち、都市部の労働者の多くは毛沢東時代の特権的な存在から社会的弱者に転落していった。

民営化された企業では、経営者はコストを削減するために、思い切った人員整理に乗り出した。数多くの労働者が少額の生活補助金で「下崗」(レイオフ)させられた。事実上の解雇である。他方、元の経営者や管理職層は銀行融資や低価格などの有利な条件で国から企業の経営権を取得し、経営活性化や資産価値の上昇の大きな果実を手に入れた。

新自由主義型の労働政策

労働者は解雇されなくとも、地位が弱く、不安定な雇用状況に置かれている。まず、労働市場が自由化する中で、大量の出稼ぎ労働者が都市部にやってきたため、労働力過剰供給の状態が続いた。また、先進国の労働者にとっては、自主労働組合の結成権、団体交渉権、ストライキ権などは経営者と交渉する際の有力な手段であるが、中国の労働者はこうした権利を認められていない。さらに、政府は経営の活性化を最優先し、どちらかというと経営者側の立場を支持することが多い。

経営者は企業のコストを削減するために、労働者の賃金を低く抑えてきた。GDPに対する所得の割合は、一九八三年の五六・五％をピークに二〇〇五年には三六・七％に低下してきた。アメリカの七九％（二〇〇七年）や日本の六二％（二〇〇六年）と比べれば、明らかに低い。他方、技術者や管理職、とりわけ経営者の収入が急増していった。

企業と労働者の間では、労働契約が結ばれないことが多かった。また結ばれていても、大半は短期契約であり、経営者は事実上自由勝手に労働者を解雇することができる。中小企業では、こうした状況がきわめて深刻である。全国労働組合である全国総工会の調査報告によると、日本で言う派遣労働者が六〇〇〇万人にも達し、その多くは国家機関や大手国有企業で働いている。正規従業員と比べ、派遣労働者は賃金や社会保障で不利な立場を強いられている。

国有企業が経営不振に陥り、民営化されると、社会主義型の社会保障制度は事実上崩壊した。新しい医療保険や年金制度が模索されているものの、現段階では、給付水準が低いことは言うまでもない。とくに、定年退職者はもろに影響を受け、不満が強かった。

中小企業では、多くの経営者が負担増を嫌い、労働者を医療保険や年金制度に加入させようとしない。また、中国の年金制度は省別に運営されるために、将来的に帰郷することを考えている出稼ぎ労働者は、自ら加入しようとしない傾向にある。社会保障制度は脆弱そのものである。

農民に対する不当な差別

中国社会が抱えている構造的な問題の一つは、機会の不平等である。とくに、農民に対する差別的な制度はその典型例である。もともと農産品は付加価値が低く、農村は貧しい。平等を考えていれば、政府は農民を支援すべきであろう。しかし、毛沢東時代に中国政府は、政策的に農産品価格を低く設定し、農民を搾取した形で資本蓄積を図っていた。さらに、社会保障、教育などの公共サービスやインフラ整備に関し、中国政府は都市労働者を優遇し、農民には低水準の公共サービスしか提供してこなかった。

毛沢東時代から、優遇された都市と差別された農村は別世界であり、人口の八割以上を占めた農村人口は等しく赤貧という状態を強いられた。また、戸籍移動の制限が厳しく、農村から都市への移住は登竜門の大学試験を突破し、兵役などで一定ランク以上の職務に昇進し、国家幹部になるといった場合に限られていた。

一九八〇年代以降、農民は土地請負制の導入、農産物の自由化、労働力市場の自由化、戸籍移動の規制緩和から大きな恩恵を受けた。しかし、ここで強調したいのは、毛沢東時代と比べれば、確かに農村や農民への差別的な制度は幾分か是正されたものの、現在でも依然として大きく残されているということである。

まず、農民は農業税のほかに、地域の道路建設や義務教育に関しさまざまな負担金・雑費を負わなければならない。しかも、地域が貧しければ貧しいほど、財政収入が少なく、農民の負担は重くなる。都市と農村の格差はその一部が市場メカニズムによる「結果の不平等」であるが、「機会の不平等」によるところも大きい。

労働力の自由化によって、農村から都市への出稼ぎ労働者（農民工）は急速に増え、二〇一〇年に二・六億人前後に達した。彼らは良質かつ安価な労働力として、都市化、産業化と中国経済の競争力を支えてきた。しかし、出稼ぎ労働者を取り巻く労働環境は悪い。給料が安く、3K労働も多い。医療年金制度への加入率も低く、賃金未払いの問題もしばしば発生する。

一九九〇年代末まで、沿海地域の政府は出稼ぎ労働者から特別に「暫住費」（臨時居住税）や都市建設費などを徴収し、地方財政収入源の一つとした。また、出稼ぎ労働者は子供を出稼ぎ先の学校に通わせる時、通常の学費とは別に高額の転校料（中国語では借読費）を支払わなければならない。中央政府は地方政府に対し平等な扱いをするように指示したが、地元住民優先の状況はあまり変わっていない。

出稼ぎ労働者は地元での農業生産より収入が増えたとは言え、豊かな都市では新たな貧困層にすぎない。さらに、都市住民は生活習慣や所得水準などで出稼ぎ労働者を差別し、出稼ぎ労働者は不平等な扱いに不満をもつ。二〇一一年六月、広東省広州市郊外の増城市新塘鎮で、地元出身の治安要員が出稼ぎにやってきた露天商の妊婦に暴力を振るった。それをきっかけに、出稼ぎ労働者が警察や地元住民と激突した。衝突が数日間続き、国内外から大きな関心を集めた(『朝日新聞』二〇一一年六月一四日朝刊)。

衝突のきっかけや規模、激しさこそ違うが、出稼ぎ労働者と都市住民が対立する事件は増城以外の地域でもよく発生している。二・六億人前後にも達している出稼ぎ労働者の人口規模、都市住民との相互不信、対立の深さを考えると、出稼ぎ労働者の「現地化」、地元住民との融合をいかに進めるかが大きな課題となっている。

エリートの特権と腐敗

農民、労働者、出稼ぎ労働者を弱者層とするならば、官僚、経営者や知識人はエリート層となる。行政や司法体制の不備、民衆に対する権力側の威圧的な姿勢、目に余るエリートの特権や政治腐敗は不平等感や不公平感を大きくしている。

近年、公務出張(とくに海外出張)、公務用乗用車、公務接待にかかわる財政支出が官僚の特権として批判されている。公務用乗用車を例に挙げると、中央から地方に至るまで、多くの幹部は運転手付きの専用車をもっている。運転手は子供の送迎や食料品の購入まで手伝う。車の値段は労働者平均年収の一〇倍前後に達するが、その購入代はもちろんのこと、運転手の人件費、通行料、燃料代までもが支給される。その意味で、公務用乗用車は特権と腐敗の象徴でもある。

財政部、国家発展和改革委員会、国家統計局の調査報告によると、全国の党政機関、事業部門は二〇〇万台強の乗用車を保有し、その財政支出は年間一五〇〇億～二〇〇〇億元に達する。そのうち、公務用乗用車の購入費は毎年二〇%以上増え、二〇一〇年度には八〇〇億元に達した。また、病院、学校、国有企業、軍隊が保有する乗用車はそれに含まれていない（『中国経済週刊』二〇一〇年一二月二七日）。

中国政府の白書によると、二〇〇〇年から二〇一〇年にかけ、各級政府は貧困農民に対し、合わせて二〇四三億八〇〇〇万元の財政資金を投入した。農民への支援が徐々に増えてきたとはいえ、公用車にかかる一年間の財政支出が貧困農民に対する一〇年分の財政支援を上回ることは、国民から強い反発を招きかねないであろう。

金融、通信、交通、運輸、電気、ガス、水道、煙草などの業種は、いまも国有企業が独占している。国有資産であるにもかかわらず、従業員の平均賃金水準が民間企業の二～三倍であり、住宅補助などを収入に含めると、その賃金格差はさらに拡大すると言われている。とくに、一九九〇年代末から年俸制などが導入された結果、国有企業には高給取りの経営者、管理職層が多い。

国有企業は行政との太いパイプを利用して利益の拡大を図り、民間企業の参入を妨げ、その

表 3-1　最近の主な汚職事件(肩書は事件発覚当時)

2007年7月	鄭篠萸・国家食品薬品監督管理局長 新薬承認をめぐり約650万元相当を収賄した罪で死刑
08年4月	陳良宇・上海市党委員会書記 社会保障基金から約10億元を不正融資，約240万元を収賄した罪で懲役18年の判決
同10月	劉志華・北京市副市長 土地開発などの見返りに約700万元を収賄し，執行猶予2年の死刑判決
10年1月	黄松有・最高人民法院副院長 判決を有利にする見返りに計約390万元を収賄するなどし，無期懲役
11年2月	劉志軍・鉄道相 約300万元を収賄した容疑で拘束.「少なくとも100億元が動いた」との報道もある
同5月	許宗衡・深圳市長 約3300万元相当を収賄した罪で執行猶予2年の死刑判決
同7月	許邁永・杭州市副市長 土地使用権をめぐり約2億元を収賄した罪で死刑
同7月	姜人傑・蘇州市副市長 土地がらみで約1億元を着服した罪で死刑

出所：『朝日新聞』2011年10月2日朝刊

経営を圧迫している。また、国有企業の経営者には高級幹部の子女、親戚が多い。こうしたこともあり、国有企業の多くはしばしば「特殊利益集団」と批判されている。

各級政府は資源の配分、市場の参入に大きな影響力をもち、それをめぐって贈収賄などのスキャンダルが多発し、大型化している(表3-1)。二〇一一年七月一九日、許邁永・浙江省杭州市元副市長と姜人傑・江蘇省蘇州市元副市長に対する死刑が執行された。二人はいずれも職権を利用して、開発業者らに土地取得の便宜を提供する代わりに、それぞれ総額二億元弱（約二四億七〇〇〇万円）と一億八〇〇〇万元（約一三億五〇〇〇万円）の賄賂を受けとった。従業員の平均年収は四万元弱（約五〇万円）を考えると、まさに巨額である。

中国では、暴力団やマフィア組織は「黒社会」と称されている。各地で、マフィア組織が娯楽施設や不動産開発などのビジネスに乗り出し、経営者に用心棒を強要している。警察ではマフィア組織との結託がしばしば発覚している。二〇一〇年、聶磊をボスとする巨大なマフィア組織が山東省青島市で摘発された。当局の発表によると、三十数名の役人が捜査情報やほかの便宜を提供する形でこのマフィア組織に協力していた。そのうち、半分以上は警察分局長を含む警察官である。

要するに、これまでの開発路線は権力者、経営者、知識人ら「エリート同盟」への利益配分を優先し、開発のコストを弱者に大きく負担させる特徴をもっているといえるであろう。持続的な経済発展は底上げの形で国民の生活を改善しているが、少数の裕福な人々はますます富み、「小康生活」（幾分かゆとりのある生活）は主として都市住民の範囲にとどまっている。人口の大多数を占める農民、労働者などは、必ずしも経済発展の成果を十分に享受できていないのが現在の中国の実状である。

2　大衆の経済的な維権活動

改革開放時代の初期、経済発展優先論や「先富論」はエリートだけでなく国民からも大きな支持を得た。しかし、絶対的な貧困からの脱出がほぼ達成された今日では、人々は徐々に経済格差の拡大、環境の悪化、脆弱な公共サービスに不満を強め、しばしば集団抗議活動の形で権利の保護と拡大、平等と社会正義の実現を求めるようになっている。

維権活動の展開

社会主義経済と違って、市場経済は何よりも経済的なインセンティブや競争を強調する。市場経済を機能させるためには、個人の努力が報酬などの利得で報われるだけでなく、その利得が法的に保障されなければならない。また、個人間、企業間などの競争はフェア・プレーでなければならない。こうした時代背景の下で、個人の欲望が解放され、人々の権利意識は強まっているのである。

さらに、改革開放の時代は平等、公正、正義への要求が強まり、政治参加が活発化する時代でもある。毛沢東時代では、大衆の政治参加は主として政府から動員された結果であったが、近年、大衆は自ら進んで政府に権利や要求を主張し、国家や企業などの横暴から自らの利益を守ろうとする。

「維権」(権利保護)という言葉が一九九〇年代半ばからメディアに盛んに登場するようになった。これは当初女性の権利、消費者の権利の保護活動などに使われたという(呉茂松「中国における消費者運動の台頭とマス・メディア」)。中国政府は、法律や政策の範囲内という条件付きで「維権」活動の正当性を認めている。また、労働組合、婦人連合会、消費者協会などは官製の団体でありながら、担当分野での「維権」活動を行っている。さらに、メディアや世論は維権活動を高く評価している。

こうした中で、「維権」はいまや政治意識の覚醒、市民社会の成長、政治参加のシンボルとして徐々に定着し、大きな合法性と正当性を得た。人々はしばしば「維権」のシンボルを使い、要求活動を展開している。また、維権活動の手段としては、行政訴訟や行政不服申し立てなどのほか、集団抗議活動が利用されている。

動員手段としての新興メディア

政府や企業を相手に利益を要求する集合行為や社会運動は、しばしば抗争、闘争、対抗の性格を強く帯びる。参加者の力を結集し、協調・統制のある集団行動をとり、世論などから強い支持を調達することなどが成功のポイントである。そのためには、リーダーシップ、コミュニケーション手段の確保、動員のネットワーク、メディアへの働きかけが必要とされる。

西側では、デモ、座り込み、請願、集会といった集団抗議活動は一定の規則を守ってさえいれば、自由に実施することができ、すでに国民の権利として定着している。結社や報道などの自由も保障されている。それは、市民運動や住民運動、反グローバル化運動などが盛んに展開されている背景でもある。

中国では、憲法はデモ、集会、報道、結社などを国民の権利として明記しているものの、政府はそれを公共秩序への攪乱、政治権力への対抗行動として捉え、実定法によって厳しく制限している。人々が集団抗議活動を展開する時、政府はほぼ例外なく次のような抑圧的な対策を講じてきた。

まず、結社の自由を厳しく制限することによって、他地域や他企業に不穏な動きが拡大すること、抗議活動が横の連携をとることを断ち切る。次に、メディア統制によって、抗議活動が世論の支持を調達することを不可能にする。さらに、圧力、個別的な説得、部分的な譲歩によって参加者の離脱を図る。最後に、リーダーや積極的な参加者を厳罰に処し、大衆を威嚇することによって、抗議活動の再発を牽制する。

長期間にわたって、こうした政府の対策は成功を収めてきた。社会的不満が広く存在したに

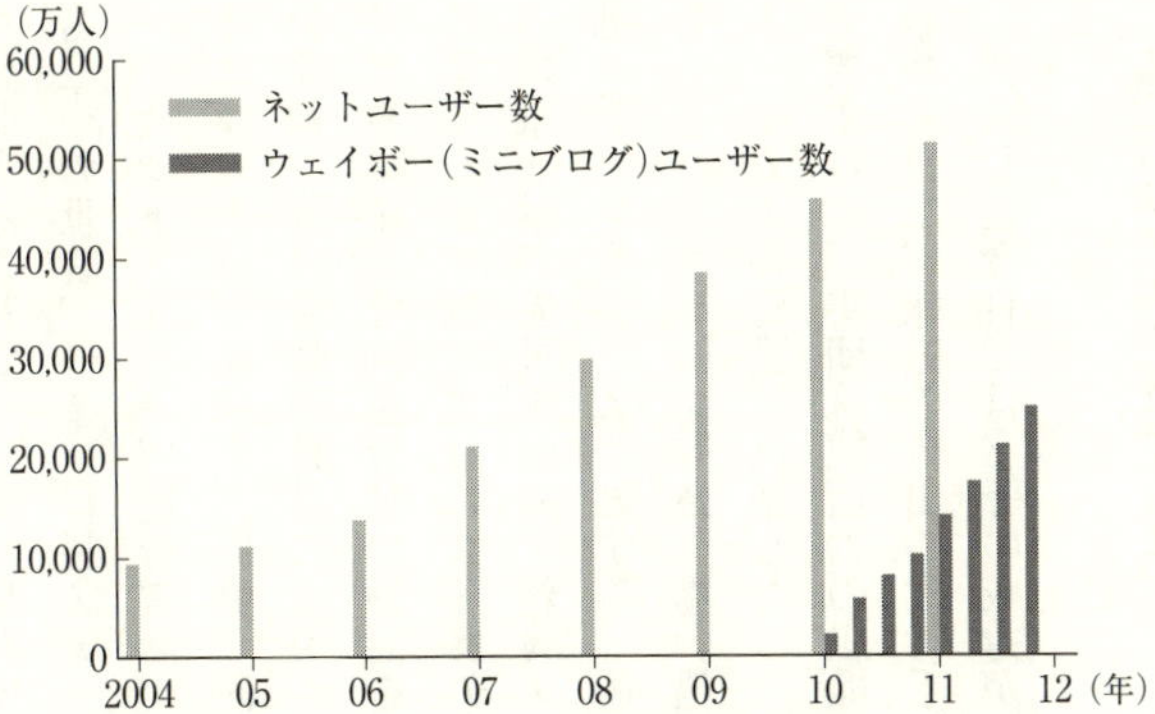

出所：第29次中国インターネット発展状況調査統計報告(CNNIC)

図3-3　インターネットの利用状況

もかかわらず、集団抗議活動は数が少なく、また規模も小さかった。しかし、国民の権利意識の向上、インターネットの普及と弾圧コストの増大によって、二〇〇三年ごろから集団抗議活動が活発化し、中国社会は不安定期を迎えている。

なかでもインターネットの普及はきわめて重要である(図3-3)。二〇一一年末現在、インターネットのユーザーは五億一三〇〇万人(三八・三%の普及率)に達した。そのうち、三億五六〇〇万人が携帯インターネットユーザー、二億五〇〇〇万人がミニブログ(中国版のツイッター)のユーザーでもある。デジタルカメラ、携帯電話、パソコンをもち、インターネットを使えば、だれでも社会に対して発信することができる。

新興メディアがいち早く事件を伝え、社会の暗部を暴露し、独立の立場から鋭い政治批判や体制批判を展開することで、不満の共有化が進んでいる。二〇〇六年、新華社元編集長は、中国における二つの世論、つまり官製メディアによる世論と民間メディアによる世論の存在を認めた。

チャット・サイト、携帯電話のショートメールによるコミュニケーションのネットワーク、ミニブログは、同窓会、同僚、同郷、趣味といった団体のメンバーとも重なり、しばしば不満の連携、抗議活動の動員に活用される。また、抗議行動がいったん始まると、新興メディアがリアルタイムで抗議行動の動向を文字、写真、映像の形で国内外に伝える。国内外の世論が注目するなかでは、当局による露骨な弾圧のコストは確実に高くなっている。

抗議活動が成果を収め、新興メディアがその経験を伝えると、それに共鳴する大衆は抗議活動の手法を複製しようとする。後述するように、廈門の住民は「集団散歩」の形で抗議デモを行い、パラキシレン製造工場の建設を阻止した。その後、上海市民は「集団散歩」でリニアモーターカーの建設に抗議した。

要するに、集団抗議活動の組織と動員にとって、インターネットは不完全でありながらも、結社の自由、報道の自由の代替手段としての役割を果たしている。そして、ミニブログの時代に突入した今日では、その威力がいっそう増しているであろう。

集団抗議活動の頻発と暴力化

中国政府は集団抗議活動を「群体性事件」と呼ぶ。近年、大衆の集団抗議活動が頻発し、大型化している。中国政府によると、一九九三年の一万件から二〇〇三年の六万件に、参加者は七〇万人から三〇〇万人以上に急増している。二〇〇五年の集団抗議活動は前年比六・六％増の八万七〇〇〇件に達した。

集団抗議活動はしばしばデモ、ストライキ、生産妨害、座り込み、請願、集団上訪（上級機関や中央政府への集団直訴）、集会、交通妨害、騒擾などの形で展開される。場合によって、暴力が伴う。ここで、いくつかの事例を通して頻発化する集団抗議活動の現状を見てみよう。

二〇〇八年一一月三日、重慶市でタクシー運転手がタクシー会社の不明瞭な利益配分や無資格の「タクシードライバー」の横行、初乗り運賃の設定の低さ、個人タクシー経営者に対する管理費用の高さ、給油難、罰金項目の多さなどを理由に、ストライキを起こした。二日間、約一万六〇〇〇台のタクシーが運転を止めたため、交通は麻痺した。重慶市政府は一部の要求を受け入れ、事態はようやく沈静化した。その直後、タクシー運転手のストライキは海南省の三亜市、広東省の広州市などの一五地域に広がった。他の都市でも、地元当局はストライキを未然に防ぐために、融和策を中心に先手を打たざるをえなかった。

二〇一〇年五月中旬から約二カ月間、少なくとも四三社の外資系企業でストライキが発生した。労働者はインターネットの掲示板や携帯電話を通じて、労使交渉の中身や賃上げについて連絡を取り合っていた。また、労働争議に詳しい弁護士や大学教授が「指南役」としてストに参加したという。

二〇〇八年六月、貴州省甕安県で、ある女子学生の死について、警察は自殺と断定したが、遺族は他殺と主張し、役人の親戚である殺人者を庇ったとして警察当局に抗議した。あっという間に数万人が抗議活動に参加し、警察局の庁舎やパトカーに火を放ったりして、暴徒化した。

弾圧コストの増大

集団抗議活動、とくに暴力的な事件は中国社会に強い衝撃を与え、中国政府の統制力に新しい挑戦をもたらしている。地方政府はいまだに情報規制や抑圧的な手法を使い、事態の鎮静化を図ろうとする。他方、新興メディアが迅速に事件を伝え、批判的な世論が形成されると、弾圧のコストは高くなる。

こうした状況下で、中央政府は地方に対して暴力行使の抑制（慎用警力）を指示している。抗議活動が沈静化せず、大きな騒ぎや衝突になり、とくにマスメディアによって大きく報道されると、上級政府はほぼ例外なく現場責任者の厳しい処分に踏み切る。二〇〇八年六月の甕安事件では、同県党書記が解任された。二〇一一年六月の増城事件では、地元検察当局は暴動をあおったなどとして十数人を起訴したが、増城市共産党委員会は暴動発生の責任で新塘鎮党委の書記と副書記を解任し、治安要員に対し免職と拘留一〇日間の処分を下した。

近年、「民衆が騒ぎを起こさなければ問題は解決しない。小さな騒ぎを起こせば小さな解決、大きな騒ぎを起こせば大きな解決になる」と言われることが多い。民衆の激しい抗議活動に対し、政府は安定重視の立場から事態の鎮静化を図らなければならないが、従来と違って露骨な抑圧的手段をある程度控えざるをえない。上級政府と民衆の板挟みにある地方政府は、集団抗議活動に対し譲歩するケースが増えている。

かつて、毛沢東は階級間の対立を敵味方の矛盾、労働者や農民内部の利害対立を人民内部矛盾と呼んだ。近年、政府関係者は、金銭補償によって解決できる官民対立を「人民幣(元)内部矛盾」と呼んでいる。民衆にとって、抗議活動が自らの利益を実現する手段として有効であることを裏付けていよう。

土地の政治

集団抗議活動の多くは国家や企業などに対する権利の回復闘争、要求活動であり、開発現場の政治である。経済情勢や社会構造などの変化にともない、社会衝突の中身も微妙に変わっている。現段階では、集団抗議活動の主役は農地を収用された失地農民、立ち退きを半ば強制された都市住民、国有企業改革で職を失った労働者、汚染で生活の環境が脅かされている住民などである。

産業化、都市化の進展にともない、用地の確保は重要となる。中国では、農地は集団所有、その他は国有とされている。農地の収用、住民の立ち退きは政府の強い介入によって行われる。ほとんどの場合、各級政府は農民、住民に対して十分な経済補償を行わず、半ば強制的に土地を収用してから、安い価格で経済開発区の建設、公共インフラの整備に提供するほか、高い価格で不動産開発業者らに転売し、莫大な財政収入を得ている。

一九八九年から二〇一〇年の間に、地方の財政収入は一八四二億元強から四兆六〇三億元強へと増えた。二一年間で二二倍増の計算となる。同じ時期に、土地の売買高は四・四七億元から三兆一〇八億元へと増え、二一年間で六七三二倍増となった。土地収用の補償基準はバラバラであり、また高くなりつつあるが、それでも転売価格の一〇分の一から五分の一程度と言われている。

こうして、地方の財政収入が土地転売への依存を深めている中で、農民や住民の財産権は不当に侵害されている。二〇一〇年夏、中国人民大学と米国ミシガン州立大学が中国一七省の一五六四の村に対し大規模な現地調査を行った。それによると、土地を収用された農家の二八・八%は収用計画を事前に知らされなかった。五八・二%は補償額について事前に相談がなかった。六〇%の農民は補償に不満をもち、そのうち、七〇%弱は補償額が低すぎることをその原因として挙げた。

一部の農民、都市住民は、経済補償への不満が原因で頑として農地収用や立ち退きを拒否するために、「釘子戸」（釘のように動かない世帯）と呼ばれている。政府や開発業者は水道、電気、ガスの供給を停止したり、強制収用を行ったりして、その抵抗を排除しようとする。

河北省定州市では、発電所建設予定地の買収価格をめぐって農民と地元政府、建設業者が対立した。二〇〇五年六月中旬、用地の買収が進まず、建設の遅れに苛立った建設業者は地元政府の黙認を得て無職者などを雇い、抵抗する村民を襲撃し、六人を死亡させた。その衝撃的な映像は外国でも放映された。事件後に、定州市の党書記は実刑判決を受けた。

重慶市では、ある住民が補償金への不満で、三年間も立ち退きを拒んだ。二〇〇七年、裁判所は強制執行の判決を下したが、その住民はメディアを前に財産権を強く主張し、世論は抵抗する住民を「重慶最牛釘子戸」（重慶の最も頑固に立ち退きを拒否した世帯）と称えた。結局、再開発業者が補償金の増額を行わざるをえなかった。その後、「重慶最牛釘子戸」は正当な抵抗のシンボルとなり、インターネットを活用した抵抗の手法もしばしばほかの住民によって踏襲される。

衝撃的な事件が伝えられるたびに、土地の所有制度、収用の手続き、経済補償の基準、政府介入のあり方などに対する厳しい批判が起きる。中央政府は関連の条例を改正し、経済補償の基準を徐々に引き上げてきたものの、地方財政が土地の転売収入に大きく依存する現状では、農民や住民が納得するような抜本的な解決策を提示できてはいない。こうして農地収用や立ち退きをめぐる集団抗議活動がしばしば起きている。

環境問題と住民運動

産業化や都市化が進む中で、環境破壊も急速に進んでいった。中国政府は法整備や行政規制などによって環境保護を図ろうとしてきた。だが、地方政府は地域経済の活性化、財政収入の増加と就職先の確保を最優先しているために、環境保護基準はなかなか守られていないのが現状である。

たとえば、環境アセスメントは重大プロジェクトの許可手続きの一環である。しかし、企業は地元政府の支持あるいは黙認を得られれば、専門家による環境アセスメントを事実上反故にできる。また、企業は中央政府の承認手続きを経ず、プロジェクトに着工することも多い。さらに、排気物などが環境基準を超えた場合でも、軽い罰金ですますなど企業に有利な形で処理されることもある。

地方政府は環境汚染問題を放置した結果、企業は環境投資を節約する形で、多大な利益を得ている。他方、住民は環境の悪化で健康権や生活権を侵害されている。民主主義国家では、選挙権は国民が環境立法、環境規制の強化を促す有力な手段である。しかし、中国では、選挙権は事実上厳しく制限されているために、選挙は政府を動かす手段としてあまり機能していない。

　こうした中で、環境問題をめぐる住民運動が頻発している。福建省廈門市では、台湾企業がパラキシレン製造工場の建設を進めたが、住民は有害物質が含まれ、安全性に問題があることを理由に、同工場の建設に反対した。二〇〇七年六月一日と二日の二日間、約二万人もの住民が政府に弾圧の口実を与えないため、「集団散歩」と称しデモ行進を行った。抗議現場の写真や映像はインターネットによって国内外に伝わり、最終的に廈門建設地の変更を当局から勝ち取った。

　中国では、生活ごみ、産業ごみが年々増え、埋め立て地は飽和状態になり、限界が来ている。そのため一部の地方政府はごみ焼却施設の建設を急いでいる。しかし、周辺の住民は毒性の強いダイオキシンの放出を恐れ、建設に強く反対している。広東省広州市番禺区はごみ焼却発電所を建設する予定であったが、周辺住民が署名活動や集団直訴などで激しく反発したために、同区当局は二〇〇九年一二月に建設計画の停止を発表せざるをえなかった。二〇一〇年一一月現在、過去二年間で、住民によるごみ焼却場建設反対運動が発生した都市は三〇カ所以上に及ぶという。

烏坎モデル

前述したように、集団抗議活動に対する政府の姿勢は徐々に変化し、経済的要求に対する譲歩が増えている。とは言え、中国政府は自らの威信を維持し、集団抗議活動の再発と拡大を牽制するために、リーダーに厳罰を科すほか、政治的要求を頑なに拒否してきたのも事実である。民衆の要求は経済から政治までに拡大し、政府がまとまった村民の力を前に要求を認めざるをえなかったという意味で、二〇一一年に起きた「烏坎事件」は画期的な意義をもつかもしれない。

まず、事件の経緯を見てみよう。烏坎は広東省陸豊市管轄下の村である。村民らは数年前から村幹部が無断で村の共有地を売却し、不正を働いてきたと上級政府に訴え続けた。二〇一一年九月二一日から、村民らは抗議デモを開始し、道路封鎖や政府庁舎の包囲などを行ったところで警官隊と衝突し、多数の負傷者が出た。

九月二四日、村民は一三名の代表を選出し、「村民臨時代表理事会」を結成し、土地の売買状況の調査、村民委員会選挙の不正に関する調査、村務・財務の公開という三点を政府に要求した。陸豊市政府は調査を約束したものの、村民らは政府の対応や処理に満足せず、一一月二一日から三日連続で市政府の前で座り込みを行った。一二月九日、市政府は村の書記と副書記を解任し、不正な調査や選挙の部分的なやり直しを約束した一方で、「村民臨時代表理事会」

を不法組織とし、リーダー数名を逮捕した。

ここまでの烏坎村民の抗議活動やそれに対する地方政府の対応は、ほかの地域でもよく見られるパターンである。だが、劇的な展開がそこから始まる。一二月一二日、拘束された村民代表の一人が死亡したため、村民は抗議活動を再開し、また、警察の侵入を防ぐために、村への道路を封鎖した。情勢が緊迫する中で、国内外のメディアは烏坎村の周辺に集結した。

事態がここまで発展したため、広東省当局は村民代表との交渉に乗り出し、一二月二〇日にリーダーや関係者の責任を追及しないこと、幹部による経済不正や選挙不正に対する徹底調査を行うこと、村民委員会、村党支部の再選挙を行うことを約束した。その後、当局は抗議活動の中心人物で「村民臨時代表理事会」の責任者の林祖鑾を村の党書記に任命した。二〇一二年二月には村民代表の選挙、三月三日に村民委員会の選挙が行われ、そこで林祖鑾が村民委員会主任に選ばれた。

多くの関係者、専門家は烏坎事件の解決方法を「烏坎モデル」と呼んで高く評価している。現時点で、烏坎モデルがこれからの集団抗議活動のすべてに適用される保証はどこにもない。しかし、国内外から注目される中で、「烏坎モデル」は人々に強い印象を与え、そして社会衝突の解決に新たな手本を提示したに違いない。

3　調和社会をめざす社会政策

開発一辺倒の是正へ

二〇一一年春、チュニジア、エジプトなどで民衆の革命が起きた。独裁体制が崩壊し、自由化・民主化が大きく前進した。いわゆる「中東の春」である。それを見て、国外にいる民主化活動家は中国社会に対しジャスミン革命を呼びかけたが、あまり賛同を得られなかった。失業率や生活水準が大きく違うからであろう。

しかし、持続的かつ急速な経済成長、それによる生活の向上は社会的不満の緩和につながる面もあるが、決して万能の薬でない。近年、弱者は自分達が発展の恩恵を平等に享受できず、競争の中で不利な立場に追いやられていることを強く意識するようになり、「仇官」(権力者を憎む)、「仇富」(金持ちを憎む)の風潮が蔓延し、政治への反発を強めている。

貧富の格差、社会の不公平、エリートの特権、政治腐敗、行政制度と司法制度の不備といった問題を放置すると、社会矛盾や官民対立がいっそう噴出する恐れがある。中国政府は開発と弱者の保護をどう両立させるか、社会的正義や公正をどう実現するか、どうやって民衆が納得する形で社会秩序を再構築していくかが厳しく問われている。

江沢民政権は貧富の格差の拡大に歯止めをかけ、政治的不満を緩和するために、一九九〇年代末から西部大開発を進め始めた。また、中国政府は一九九九年から二〇〇三年にかけて負担金・雑費などを農業税に一本化し、地方政府の勝手な負担金・雑費の徴収活動を制限し、農村の公共事業に関する農民の経済負担を軽減しようとした。さらに、都市部に関し日本の生活保護制度にあたる最低生活保障制度などを構築した。

調和社会の構築

二〇〇二年に胡錦濤政権が登場した前後から、開発一辺倒の路線を修正する動きがいっそう活発化した。同年一一月、中国共産党第一六回党大会は二〇二〇年度のＧＤＰを二〇〇〇年度の四倍増とし、「全面的な小康社会」を実現するという中長期目標を打ち出した。それは、現状においては一部の国民しか享受できない「小康生活」を大多数の国民へ広げようとする発展目標である。

胡錦濤政権は「新三民主義」、すなわち「権為民所用（権力は国民のために使い）、情為民所繫（感情は国民とつながっており）、利為民所謀（利益は国民のために図る）」を打ち出し、従来以上に弱者への配慮・支援を強調した。社会的亀裂に対する不安感が深まる中で、胡錦濤政権は二〇〇四年末から「調和社会（和諧社会）の構築」を富強、民主、精神文明と並ぶ近代化の主要目標の一つとして位置付けた。そのうえで、「民主、法治、公平、正義が実現され、誠心友愛にあふれ、活力に満ち、秩序があり、人と自然が互いに調和している」ことを具体的な目標として提起した。

二〇〇六年九月の六中全会の決議は調和社会の構築に関する主な政策の取り組みを提示した。この決定は、都市と農村、地域発展、経済発展と社会発展、人間と自然、国内の発展と対外開放という五つの調和の実現を提起し、社会建設、公平と正義、調和の文化、社会管理および社会の活力などの五分野に分け、計二八項目の政策的な取り組みを主張した。

このように、調和社会の構築はきわめて包括的な発展戦略である。しかし、結果の不平等や機会の不平等が社会的亀裂、相対的な剝奪感、社会衝突、政府の権威低下をもたらす主な原因であることを考えれば、調和社会の構築にとって核心の政策課題は、近代化路線を経済発展・効率最優先から効率と平等・公平の両立へと転換させることであろう。より具体的にいえば、分配制度を抜本的に見直し、社会保障制度を整備し、弱者への支援を進めることによって、貧富の格差を是正し、社会的亀裂を解消していくことである。

先進国と比べれば、中国はいまだ豊かとはいえない。他方、国全体はある程度経済力を蓄えてきたのも事実である。GDPが一九八〇年の一一六〇億元弱、一九九〇年の二九三七億元から、二〇〇〇年の一兆三三九五億元、二〇〇九年の六兆八五一八億元へと急増してきた。財政力の向上を背景として、中国政府はミニマム公共サービスの整備を中心に弱者への支援に力を入れ、格差の是正に向けて一連の措置を打ち出してきた。とくに、注目されるのは、それがしばしば前倒しの形で実施されることである。

社会主義新農村建設

都市と農村との大きな所得格差、農民の貧しい生活、その背景にある農民に対する差別的な制度は最も深刻な政治社会問題となっている。中国政府は調和社会の構築を進める中で、「社会主義新農村」の建設を呼びかけ、農村に対して「支援を強化し、税負担などを少なめにする」との方針を示した。

二〇〇四年、中国政府は五年以内に農産物に対して課された農業税を廃止する方針を示した。二〇〇五年末、全人代は法律を改正し、二〇〇六年からの農業税廃止を決定した。一連の措置によって、農民の経済負担は合わせて一〇五〇億元軽減され、実際の収入が五・四％増える計算になるが、農業税の廃止によって、郷鎮と村の運営および公共サービスは財源不足の問題に直面する。そこで中央、省、直轄市の政府は年間一〇〇〇億元以上の財政資金を投入し、問題の解決にあたった。

貧しい農村地域では、農民が義務教育費を負担し、それが公的支出に関する農民の経済負担の半分を占めていた。中国政府は二〇〇六年に西部地域、二〇〇七年に中部と東部地域の義務教育に関して学費・雑費を免除し、二〇一〇年までに中央と地方がそれぞれ一二五四億元、九二八億元の財政予算を新たな義務教育費として投入することを決定した。

重病にかかった農民に対して医療費の補助を行う新型農村合作医療制度も設けられている。同制度は農民の保険費と政府の財政資金によって運営されている。現在、同制度はほぼ全国規模で普及し、中央と地方政府は引き続き財政資金の投入を増やし、給付水準の引き上げを目指している。

農村最低生活保障制度は当初沿海地域を中心に導入された。二〇〇七年七月、中央政府は全国規模で農村最低生活保障制度を確立し、すべての貧しい農民を生活保護の対象にすることを指示した。二〇一一年一一月末には、貧困農民の生活支援の対象となる基準年収が二〇〇九年度の一一七四元以下から二三〇〇元以下に引き上げられた。それによって、補助の基準が国連のそれに近づき、受給の対象者が二六八八万人前後から約一億三〇〇〇万人へと増える見込みになった。

農村の発展と生活基盤の確立は、道路、飲用水、送電網、通信などのインフラ整備を必要とする。六中全会は、「農民の生活環境を改善するために、各レベルの政府はインフラ整備および社会事業の重点を農村へと切り換えるべきである。教育、医療衛生、文化などの財政予算と固定資産投資の増加部分は主として農村の建設に使うべきである。政府は土地の売却収入に占める農村への投資比率を高めるべきである」と指示した。二〇〇三年から二〇〇六年にかけて、「三農（農村、農業、農民）問題」に対する中央財政支出の増加率は年平均一五・六％に達した。

中央政府は二〇〇六年三月に通達を送り、出稼ぎ労働者の労働契約、賃金形態、技能教育、年金・医療保険、子供の義務教育に関しその改善を指示した。また、戸籍制度は農村と都市を分断し、出稼ぎ労働者の定住を妨げてきたが、近年、戸籍移動の規制緩和が加速化している。二〇一一年、国務院弁公庁の通達は、直轄市、副省級の市とその他の大都市を除く各地方に対し、安定した職業、住宅をもつ出稼ぎ労働者の戸籍移動を認め、また、今後、就職、義務教育、職業訓練などの公的サービスの提供は戸籍と切り離して行われるべきことを指示した。

ミニマム公共サービスの保障

中国政府は財政支出を民生、公共サービスへと傾斜させ、計画の前倒しの形でミニマム公共サービスの実現を目指している。ここでは、第一二次五カ年計画（二〇一一〜一六年）を中心に関連施策を見てみよう。

年金保険は、主として都市従業員向け、都市住民向け、農民向け新型農村社会養老保険の三種類に分けられる。三・五七億人の従業員、都市住民、四・五億人の農民はそれぞれの年金制度に加入することを目標とする。六〇歳以上の農民と都市部の無職者に対し、政府は基礎年金（基礎養老金）を提供し、また、徐々にその給付水準を引き上げる。

医療保険も従業員向け、都市住民向け、農民向けの新型農村合作医療制度の三種類に分けられるが、国民全員の加入を目指している。保険機構は被保険者の入院費のそれぞれ七五％、七〇％、七〇％を負担する。そのうち、都市従業員については、医療保険の加入者は二・六億人、失業保険の加入者は一・六億人、傷害保険の加入者は二・一億人と見込んでいる。

貧困地域では教育予算が足りないために、学校施設整備の遅れや教員の実収入減といった問題が発生した。中央政府は二〇〇八年から農村義務教育の経費保障水準の向上を図り、二〇一〇年をめどに農村の小中学校経費に関する基準額保障のメカニズムを確立し、都市部の義務教育経費の確保や奨学金制度の改善を模索している。

近年、住宅の価格が高騰する中で、政府は低所得者の住宅支援の強化に乗り出した。第一二次五カ年計画期間中に、政府は都市部低所得者に向けて、新築とバラック区域住宅の改築で合わせて三六〇〇万戸を提供する。公営住宅が住宅全体の二〇％に達する予定である。

労働者権利の保護について、全人代は二〇〇七年六月に「労働契約法」を改正した。この法律は、企業がすべての従業員との間で雇用契約を結ぶこと、労働契約期間を合理的に定め、契約期間満了後に正規従業員にすること、従業員を社会保障制度に加入させること、労働契約を解消・中止する時は労働者に金銭的な補償を行うこと、残業手当、高温作業手当を支払うことなどを定めた。

ストライキが頻発している中で、中国政府は第一二次五カ年計画期間中に八〇%の企業に団体交渉を導入させる予定である。団体交渉の内容は給与から始まり、衛生や労働安全、社会保障へと拡大する。団体交渉を円滑に進めるために、政府は業界や企業別に労働コストや労働生産率などのデータを収集し公表し、また団体交渉制度を守らない企業の責任を追究する。ただ、官製組合しか認められないため、団体交渉が利害調整のメカニズムとしてどこまで機能できるかは未知数である。

社会政策の限界

中国政府は再分配制度の見直しに関しても本格的な検討を始めた。二〇〇六年五月二六日、中央政治局はすべての国民が経済発展の成果を享受できることを強調し、「低所得層の収入を増やし、中所得層を拡大し、高所得層の収入を調節し、不法所得を取り締まる」との方針を示した。二〇〇七年の第一七回党大会は、第一次分配(労働や資本などに支払う報酬)では効率と公平とのバランスを重視するが、再分配(税金や社会福祉などで所得を調節すること)では公平をいっそう重視するとの原則を示した。

税務当局は二〇〇七年度から年収一二万元以上の個人所得者に対し、自己申告の制度を導入し、高所得者に対する徴税強化に乗り出した。政府の規制強化や世論の監督もあり、他よりも給与水準の高い独占企業は賃上げのペースが遅くなっている。二〇一一年、全人代常務委員会は個人所得税法を改正し、納税基準を月給二〇〇〇元から月給三五〇〇元へと引き上げた。中低所得層の税負担が軽減されることになる。

近年、急速な経済発展を背景として、労働力過剰の状況が徐々に緩和し、沿海地域を中心に労働力不足(「民工荒」)の問題が発生している。弱者支援や労働力確保といった思惑もあり、各地方の政府は相次いで最低賃金水準を引き上げた。第一二次五カ年計画は最低賃金基準について、年平均の増加率を一三%以上にすること、大多数の地区(一級行政区)の最低賃金基準を地元の都市部従業者の平均賃金の四〇%以上にするという目標を提示した。

国家統計局によると、農民の所得増加の幅は二〇一〇年度から二年連続で都市住民のそれを上回った。それは一九九八年以来のことである。出稼ぎ労働者の賃金の増加、豊作に加え、農産物価格が上昇し、さらに低所得農家が最低生活保障や年金、貧困救済金から得た収入が大幅に増加したからである。ただ、どうやってこの流れを定着させるかは大きな課題である。

中国が平等な中流社会を構築し、社会的亀裂を解消するのは中長期的な課題となろう。しばしば指摘されるように、農業生産の付加価値が低いため、全労働人口に占める農業労働者の比率が高ければ高いほど、国の経済力が低くなり、農民に対する経済支援能力が限られてくる。産業化、都市化のプロセスが完成した先進国では、農業労働人口の比率が労働人口の二%前後にすぎず、政府は余力をもって所得再分配の手段を使い、農民の生活基盤と生計を支えることが可能である。

一九八〇年代以降、中国も産業化、都市化が進展している。国家統計局の発表によると、二〇一一年末、都市部の人口(六億九〇七九万人弱)は初めて農村人口(六億五六五六万人強)を上回り、全人口に占める比率がそれぞれ五一・二七%、四八・七三%となった。また、農業労働人口の比率は三〇年前の七〇%強から現在の三八%へと下がってきた。しかし、先進国と比べ、農業労働者の比率はいまだに高い。また、第二次産業、第三次産業に関しても、労働生産率は低い。

中国政府は国力の制約を認識して、調和社会の実現を長期的な課題とし、社会保障・公共福祉の水準が国力を超えてはならず、資源の配分を重要度の高い民生問題に注ぐべきことを強調している。二〇〇八年から、国務院人力資源和社会保障部と全国総工会は給与条例の制定に着手した。しかし、人件費の増加が経営を圧迫するという意見が根強く存在し、最低賃金の基準、賃金引上げの枠組み、「同一労働、同一賃金」の原則を盛り込むか否かについて、コンセンサスが得られず、条例の制定は難航している。社会政策の出動は条件の制約を受けている例でもある。

市場経済の導入によって、利益の多様化が急速に進んできた。社会の安定化と調和社会を実現するために、利害調整の枠組みを確立することがきわめて重要である。二〇〇七年の第一七回党大会は、人民の知る権利、参画権、主張する権利、監督権を保障し、「秩序ある政治参加の拡大」を主張した。しかし、社会政策の強化とくらべ、政治参加の拡大はいまだに理念の提示、模索の段階にある。中国政府は、政治的自由や権利を幅広く認めると、国民がそれを武器にして政府に更なる譲歩を要求し、政治の動きが自らの思惑を超え、統制不能の状態に陥ることを恐れているのである。

第四章　上からの政治改革

政治改革をめぐる認識ギャップ

一九八二年の第一二回党大会の政治報告は初めて、高度な民主政治の実現を近代化の主要目標の一つとして位置付けた。それ以降、党大会の政治報告、中央委員会総会の決議、政府活動報告および中央指導者の重要演説は、しばしば政治改革の推進、民主政治の建設に触れている。とくに、二〇〇七年一〇月の第一七回党大会の政治報告で、胡錦濤総書記は「民主、法制の整備は依然として人民民主の拡大と経済・社会発展の要請に完全に適応しておらず、政治体制の改革も引き続き深める必要がある」と述べ、三〇回以上にわたり「民主」の言葉を使った。

しかし、国内外の民主化勢力は言うまでもなく、多くの中国国民にとって、大胆な市場化を進める経済改革と比べれば、政治改革は遅々として進展せず、自由化と民主化の展望がいまだにはっきりと開かれていない。では、なぜ中国政府は政治改革に関し強い決意表明をくりかえし、また限定的ではあるが、一定の取り組みを行ってきたにもかかわらず、政治改革の結果に対する人々の評価はこれほど低いのか。権力内部と外部との認識の大きなギャップを分析する際に、おそらく以下のことを理解することが重要であろう。

一つめは、政治改革に関する理解の違いである。つまり、狭義の政治改革は政治的自由化と民主化を意味するが、広義の政治改革には公共利益の配分、政治運営にかかわる諸制度やルールの変更が含まれる。欧米各国や内外の民主化勢力は中国に対し常に狭義の政治改革、つまり政治的自由化と民主化を要請している。他方、中国政府は主として広い意味で政治改革の言葉を使っている。

二つめは、民主化に関する理解の違いである。欧米各国は民主化を語る際に、主として統治制度や手続きとしての民主主義の確立を主張する。それは公正な普通選挙、複数政党制、表現の自由、文民統制、法の支配などを基準とする。それに対し、中国政府はしばしば文化の多様性や国情を理由に、現体制による政策合意形成の手法を「中国式民主主義」として標榜している。

三つめは、民主化戦略に関する立場の違いである。経済発展、福祉国家の建設、政治的民主化の三つを国家の近代化の最終目標とするならば、欧米各国は事実上「民主化先行論」の改革戦略を主張している。その支持者にとって、民主化は普遍的な理念に合致するだけでなく、経済発展や社会政策を推進する突破口でもある。他方、開発独裁路線の下での中国の近代化過程は経済発展を最優先し、次に社会政策の強化を図り、最後に民主化を推進するという三つの段階に分けられている。第一、第二段階での政治改革は欧米型民主化ではなく、政治制度の改善にとどまる。

本章は中国政府が主導する政治改革に着目し、上からの緩やかな自由化はどのように進展し、どこへと向かって行くかを考えたい。

1 上からの政治改革戦略

社会主義国家は政治改革に着手する際に、政治改革の目標の設定、政治改革と経済改革の順位付け、改革スピードの設定について戦略的な選択をしなければならない。ただ、国家の近代化は長期的なプロセスである。その過程で、国内外の環境は絶えず変化する。政府が最初から環境の変化をすべて見通し、短期と中長期の目標を定め、目標に合わせて明確かつ厳密な推進プログラムを策定することはおよそ不可能であろう。中国政府もまた試行錯誤をくりかえしながら、慎重に政治改革を進めてきた。

政治改革目標の設定

社会主義国家はブルジョア民主政の限界を克服し、広範な大衆の民主主義を主張するものの、政治の実践を見る限り、国民の自由と権利に対する制限が大きく、共産党が政治権力を独占し、政治運営に民意が十分に反映されてこなかった。社会主義国家が政治改革を開始する際に、その目標を欧米型民主化、緩やかな政治的自由化、政府改革といった三つの次元に分けることができる(図4-1)。

第一の次元は、欧米各国および国内の民主化勢力が強く主張している脱社会主義の欧米型民主化である。つまり、それは、一党支配体制を解体し、普通選挙、複数政党制、言論と報道の自由、権力の分立、文民統制といった欧米型政治制度を導入することである。いわば手続き的な民主主義の導入と確立である。しかし、社会主義国家では、保守派がそれを拒否することは言うまでもなく、政治の閉塞感から政治改革に着手し、社会主義政治体制の弊害を是正しようとする体制内の改革派もまた、政治権力の弱体化や喪失を恐れ、欧米型民主化を拒否することが多い。

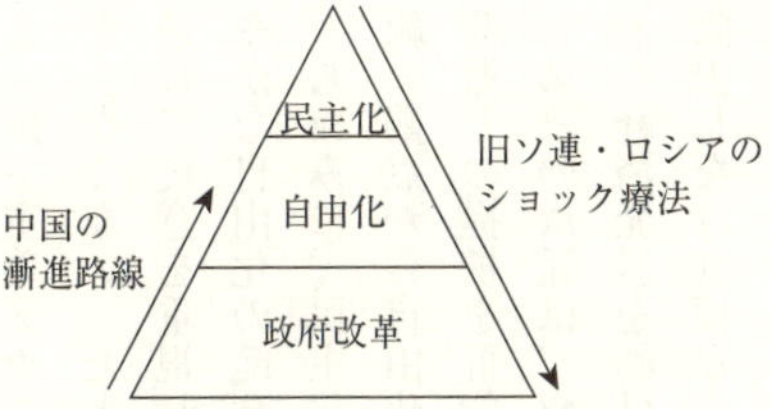

図 **4-1**　政治改革の3つの次元

第二の次元は、緩やかな自由化である。自由化とは政治的自由と権利の拡大を意味し、欧米型民主化が目指す方向性と一致するが、イコールではない。急速な自由化は欧米型民主化につながる可能性があるが、緩やかな自由化は政治統制力の確保を前提としながら、社会の活性化を図り、支配の正統性の調達に寄与することが多い。

したがって、社会主義国家の政府は欧米型民主化を拒否する場合でも、民主主義メカニズムや手法を部分的に導入し、自由と権利の緩やかな拡大を容認することが少なくない。たとえば、幹部の選抜過程で競争のメカニズムを部分的に取り入れたり、政策過程で民意を重視したり、情報公開を推進したり、言論空間の拡大を認めたりすることは、緩やかな自由化の範疇に属す。

ちなみに、民主化勢力の穏健派やリベラルな知識人は欧米型民主化を目指しつつも、現実路線の観点から自由化の流れを歓迎することも多い。それは、体制内の改革派と民主化勢力の穏健派との提携を可能にする要因でもある。

第三の次元は、政府改革である。社会主義国家では、政治・行政制度の不備が行政効率の向上や経済発展を妨げている。政治、行政、経済の運営を活性化させるために、そうした障害を除去しなければならない。政府機構の統廃合、定員削減、行政の規制緩和、公務員制度や司法試験制度の導入と改善、国有企業管理制度の改革、腐敗抑制などは、ガバナンスの能力を向上させ、経済発展を促進しようとするものである。

政府改革は欧米型民主化にはすぐさまつながらない。また、その改革が成功した場合、経済成長や社会発展、ひいては一党支配体制の維持や強化に寄与することも多い。そのため、社会主義国家は欧米型民主化や緩やかな自由化よりも、政府改革に積極的である。ただ、既得権益は損なわれるために、政府改革もまたさまざまな抵抗勢力に直面する。

中国政府は終始、政治改革を社会主義政治体制の自己改善と位置付け、欧米型民主化をはっきりと拒否してきた。今日に至るまで最も大胆な政治改革の方針を打ち出したのは、一九八七年の第一三回党大会である。そこでの政治報告でも、次のように欧米型民主化を明確に拒否している。「人民代表大会制度、共産党指導下の政党間協力と政治協商制度は民主集中制の原則に基づいて運営されている。それは我々の特色と優位性である。これらの特色と優位性を捨てて、西側の三権分立と複数政党間の政権交代を踏襲してはならない」。

他方、中国政府は社会主義政治体制が優れていることを前提としながら、制度の欠陥や問題点の存在を認めている。たとえば、第一三回党大会はこの点について、「具体的な指導制度、組織のあり方と活動のスタイルは、権力の過度な集中、深刻な官僚主義、封建主義の深い影響といった重大な欠陥をもつ。政治体制改革の遂行は、優位性を発揮し弊害を取り除き、中国式民主主義を建設するためである」と主張している。ただ、前述した分類からいうと、欧米型民主化を拒否した政治改革は、緩やかな自由化の容認と政府改革でしかない。

経済発展優先型の政治改革

社会主義国家は民主化と市場経済化という二重の移行の課題を抱える。ドイツの理論家であるオッフェはこの点について、「社会主義国家以外の国々では、「民主主義への移行」は、もっぱら政治上および憲法上の問題である。他方、社会主義国家は、国有企業の民営化と企業家階級の創出といった課題に直面する」と述べた。民主化だけでも大変難しい作業であるのに、政治と経済の二つの次元で体制転換を行わなくてはならず、その道のりはいっそう困難を極める。

政治と経済は密接なかかわりをもつ。多くの論者はこうした点に着目し、社会主義国家は「政治改革と経済改革を同時に進めなければならない」と主張している。鄧小平もそう述べたことがある。しかし、それは一般論に過ぎない。政治改革、とくに民主化は政治的自由と権利の拡大、経済改革は経済成長、国民生活の向上を目的とし、目標は必ずしも同じものではない。社会主義国家は特定の期間、特定の状況下で具体的な改革プログラムを策定する際に、しばしば民主化と経済発展のどちらを優先するかという選択に直面する。

欧米各国や社会主義国家の民主化勢力は「民主化先行型」の改革戦略を主張している。それは、自由や民主主義を実現すべき普遍的な価値として強調するほか、経済改革を促進する道具として自由化、民主化を重視する。民主化先行型の論者から見ると、経済改革の遅れは旧体制の既得権益者からの抵抗や官僚主義の惰性によるところが大きい。したがって、そうした抵抗を排除し、経済改革を進めるためにも、大胆な政治改革を進めるしかない。ソ連では、ゴルバチョフはのちにそのような立場からグラスノスチ(公開化)やペレストロイカを進めた。

他方、「経済発展先行型」の政治改革派は次のような主張を展開している。改革の推進、市場の創造および社会秩序の安定化のためには、政治的求心力が必要である。欧米型民主政は本質的には分権型の政治システムであり、多元的な利益間の調整と政策の合意形成を強調し、その実現のためには高度な自治能力や長い調整過程を必要とする。生存競争や社会衝突が激しい中国では、こうした条件が必ずしも整えられていない。その意味で、欧米型民主化を先行するより、一党支配体制を温存するほうが政治的求心力の維持に有利である。また、民主化は必ずしも高い経済水準を必要としないが、民主化の「軟着陸」は高度な経済発展を前提条件とする。

中国政府がどこまで民主化戦略を想定したかは別として、これまで事実上「経済発展先行型」の政治改革戦略を採用してきた。一九八〇年の政治局拡大会議で、鄧小平は重要演説を行い、政治改革のガイドラインを示した。当時、華国鋒は党主席、軍主席、総理を兼任していた。鄧の演説は華国鋒の辞任を意識して、権力集中への反対も主張したが、主として行政効率やガバナンス能力の向上を目的とする政府改革を強調した。指導幹部定年制度の導入、幹部選抜の学歴重視、行政機構の統廃合と人員の簡素化などがそこに含まれる。

一九八六年夏前後、鄧小平は数次にわたって、「政治改革は経済改革に遅れてはならない」と述べ、趙紫陽に大胆な政治改革プログラムの策定を指示した。第一三回党大会は党政分離の方針を決め、行政機構党組の廃止、党の行政担当機構の撤廃といった措置を打ち出した。改革開放時代では、このころはもっとも大胆な政治改革が行われた時期である。それでも、鄧小平の指示を見る限り、その政治改革はあくまでも政府効率の改善、経済発展の促進を目的とするものであった。

体制改革の漸進的なアプローチ

社会主義国家はまた、体制改革のスピードをどう設定するかという問題にも直面する。そのうち、漸進的なアプローチは政治改革を長期的なプロセスと考え、近代化の第一、第二段階で経済発展先行型の政治改革に力を入れ、緩やかな自由化を容認するが、欧米型民主化をなるべく先送りにしようとする。これに対して、ショック療法は欧米型民主化を体制改革の抜本的な解決と考え、短期決戦を強調する。

ショック療法は欧米型市場化と民主化という政治改革の最終目標をはっきりと打ち出し、それを実現するプラグラムを提示している。しかし、旧ソ連・ロシアの教訓からすると、初期条件の整備が不十分な場合、ショック療法は少なくとも二つのリスクを抱えることになる。一つめのリスクは、移行段階の混乱である。市場化と民主化は思想・観念や社会的地位、物質的な利益といった点で利害関係の重大な変更をもたらす。旧エリートの多くは既得権益が損なわれるために、あらゆる資源を動員して体制転換に抵抗するだろう。したがって、急進的な市場化、とくに民主化はしばしば旧体制のエリートと民主化勢力とが力でぶつかり合う場となる。また、急速な体制転換で制度の矛盾、空白が生じ、それが混乱を助長する。

二つめのリスクは、体制転換後に新体制がなかなか定着・機能しないということである。社会主義型と欧米型の政治経済体制は本質的に異なる。欧米をモデルに市場関連の法律、制度を作成することは簡単であるが、市場システムの理念と制度を内面化し、それを機能させるには、人々の意識の転換、経験の蓄積と能力の向上が必要とされる。それは決して短期間で完成されるものではない。これは政治体制の転換にも通じるものである。

漸進的なアプローチは、時間をかけて混乱のリスクを分散・低減させると同時に、新しい制度・メカニズムが機能する条件・環境を整えようとするものである。そのポイントは以下のようなものである。第一に、市場化と民主化の「軟着陸」は経済発展や中間層の成長を必要とするが、それには長い時間がかかる。第二に、制度の変化が徐々に起きるために、人々の意識や観念が比較的新しい制度に適応しやすくなる。

他方、漸進的なアプローチは次のような問題点を抱えている。まず、政治改革の遅れが原因となり、経済や社会の発展は停滞に陥り、政治的閉塞感が生じる時、大胆な政治改革や民主化を求める声が強く出てくるであろう。言い換えれば、政治改革のスピードを遅らせることで、逆に社会的混乱も生じかねない。また、民主化のビジョンが明確に提示されないために、権威主義政権がそもそも民主化に踏み切るかについて、大きな疑念が終始存在する。さらに、これがもっとも大きな点であろうが、権威主義政権は政治的自由と権利を大きく制限し、反体制活動家を弾圧したりする。それは、民主化という世界潮流と相容れないため、国内外から強い批判を受ける。

中国でも、民主化先行論やショック療法の主張が存在している。その代表は、下からの民主化要求である。たとえば、一九七〇年代末、文化大革命の失敗に対する批判と反省がなされた中で、「北京の春」と呼ばれた民主化運動が出現した。反体制活動家は壁新聞や民間刊行物を中心に政治批判を展開し、民主化の推進を要求した。さらに、大規模な民主化運動が一九八九年春に発生した。これらはいずれも弾圧されたが、現在も下からの民主化要求が続いている。第五章はこうした動きを取り上げる。

また、権力内部では、鄧小平や趙紫陽が経済体制改革と経済発展を促進するために、一九八七年の第一三回党大会で大胆な政治改革プログラムを打ち出した。さらに、中国政府は一九八八年に「闖関」(重大突破)と称し、思い切った価格の自由化を進めようとした。大胆な政治改革の提示は人々の期待を高め、価格の自由化が経済の過熱や物価高騰を招いた。これが一九八九年春の民主化運動が盛り上がった背景でもある。

ただ、ここでいう急進的な改革の動きは、あくまでも他の期間に行われた保守的な改革と比較してのものであり、しかも一部の領域に限った一時的な現象であった。中国政府は終始、下からの民主化要求を厳しく取り締まり、また経済的近代化の実現とそれを目的とする体制改革を長期的な課題としてきた。たとえば、鄧小平は一九八〇年代前半には先進国の仲間入りをおよそ二一世紀半ばと設定し、一九九二年には「我々が各分野においていっそう成熟し、確立した制度を形成するには、恐らく三〇年かかるであろう」と話し、また別の機会には、「我々が制定する政策は、向こう七〇年間を視野に入れて推進するものである」と述べた。ここで、三〇年、七〇年は正確なタイムテーブルというより、長期的な課題であることを示しているのであろう。

旧ソ連・ロシアと比べれば、中国の政治改革は終始漸進的かつ保守的なものである。旧ソ連はペレストロイカを推進してから五、六年で民主化と市場化に踏み切った。中国は改革開放時代に入ってから三〇年が経ったが、いまだに民主化に踏み切ろうとせず、市場経済化も完成までほど遠いと言わざるをえない。

保守的な政治改革の力学

では、なぜ中国はこうした漸進的で保守的な改革路線を採用し、またそれを貫くことができたか。ここで、二つの時期に分けて改革戦略をめぐる政治的力学を見ておこう。

第一段階は一九七〇年代末から一九九〇年代前半までであり、鄧小平ら革命世代の政治指導者は強いリーダーシップを発揮して、保守的な政治改革を主導した。中国は建国以前には内戦や外国の侵略、建国以降には文化大革命などの内乱を経験してきた。歴史の当事者として、鄧小平らは政治的求心力、社会秩序の安定を重視していた。また、彼らは歴史上前例のない社会主義国家の体制改革を橋がない「渡河」とたとえ、河の石を叩いて慎重に渡るべきと考えた。そして、混乱を回避し、低減する方法として、改革の実験方式が採用された。これは、改革措置をまず一部の地域、一部の組織で実験的に導入する。成功すると、それを他地域に広げる。失敗したとしても、混乱が局地、局部に止まる。

とくに、民主化について、中国政府はどこまで明確な戦略を描いていたかは別として、政治混乱に対する警戒感から徐々に進めていくべきことをはっきりと意識していた。たとえば、一九八七年、鄧小平は香港代表団に会見した際、人口が多く、地域間や民族間の格差が大きく、文化水準も低いことを理由に、直接選挙は徐々に行われるべきであり、完全な導入は五〇年後になることを述べた。

第二段階は一九九〇年代半ば以降である。革命世代の政治指導者は政治の舞台から退場するが、国内外の状況の変化を背景として、保守的な体制改革が権力内外からいっそう大きな支持を得た。旧ソ連・ロシアは民主化、自由化へと踏み切ってから、十数年にわたって政治の混乱、経済の停滞を強いられた。他方、鄧小平は一九九二年に南方視察を行い、改革開放路線を再び軌道に乗せてから、中国経済はそれまで以上に勢いを増し、年平均九％以上の驚異的な経済成長を実現した。その結果、「民主化は時期尚早」「中国は混乱してはならない」といった開発独裁路線の主張が知識人や市民の間でも広く受け入れられるようになった。

一九八九年の天安門事件以降、中国政府は国民の関心を政治から経済発展と生活改善に向かわせると同時に、一般論として政治改革を提唱する一方で、メディアの統制によって政治改革の議論の高まりを抑えようとした。たとえば、江沢民は一九九九年のある演説で、「権力内部で、かつ一定の範囲で政治改革に関する自由な討議を行ってもよいが、公開の討論は度合いを把握すべきである。そうでないと、社会の注意力は政治改革に集中することになる。それは決して良いことでない。なぜならば、さまざまな形で思わぬ問題をもたらしかねないからである」と述べ、脱政治化の思惑を覗かせた。

2　「中国式民主主義」の論理と内実

上述したように、中国政府が主導する政治改革は自由化の緩やかな拡大を認めるが、欧米型民主化を目指すものではない。他方、国内では、下からの民主化要求がしばしば浮上する。また、欧米各国は経済や外交の力を活用し、中国に対して人権攻勢を強め、欧米型民主化の推進を迫っている。自由化と民主化が大きな世界潮流であるだけに、中国政府にとっても、どうやって一党支配体制と上からの政治改革路線を正当化するかが大きな政治課題となっている。そこで、中国政府は文化相対主義、コーポラティズム、討議デモクラシーといった欧米発の政治論理を活用しながら、中国式民主主義や独自の政治発展の道を主張し、欧米型民主化への内外の圧力をかわそうとしている。

中国式民主主義と伝統文化論

中国政府は中国式民主主義を主張する際、いまだに社会主義の優越性のレトリックを使っている。ただ、毛沢東時代の挫折もあり、その説得力が低下したのも事実である。それに代わり、近年、中国政府は集団主義などの伝統文化論を用いて中国式民主主義を正当化しようとすることが増えている。その論理によると、国によって、伝統文化や国情は必ずしも同じわけではない。したがって、民主主義もまた多種多様な形式をもつ。欧米型民主政は多様な民主主義の一形式にすぎず、各国は独自の民主政を追求すべきであり、また、そうする権利があるというものである。

欧米では、文化相対主義(cultural relativism)という考えがある。すべての文化は対等であり、外部の尺度によって社会の文化の成熟度や洗練さは測ることができないと主張するもので、事実上、欧米文化優越論を否定する意味合いをもつ。

中国式民主主義とは、文化相対主義の論理を採用して、一党支配型の権威主義体制を強引にも民主政の多様な形式の一つとして解釈しようとするものである。伝統文化論を用いて政治体制を正当化する「理論武装」は、高揚するナショナリズムと相まって国民の間に受け入れられやすいものであろう。

青木保は『「日本文化論」の変容』の中で、戦後の日本人が日本文化への認識に関して、「否定的特殊性」(一九四五〜五四年)、「歴史的相対性」(一九五五〜六三年)、「肯定的特殊性」(一九六四〜八三年)、「特殊から普遍へ」(一九八四年以降)の諸段階を経験したと分析している。単純な比較はできないが、改革初期の中国は自国の文化に関し、「否定的特殊性」論が強まっていた。しかし、近年、中国は急速な経済発展を遂げる中で、国民の多くは徐々に自信を取り戻し、中国の伝統文化と近代化が両立するという主張、あるいは「歴史的相対性」の主張が影響力を強めている。さらに、中国モデル賞賛論が示しているように、「肯定的特殊性」の論調も生まれ始めている。

第二次世界大戦以降、とくに冷戦終結後、自由化と民主化は抗しがたい世界潮流である。国内外の民主化の圧力を前に、ほとんどの権威主義体制は自己弁明や自己正当化を強いられている。「自国版」民主主義を主張するのは、決して中国だけでない。たとえば、一九九一年、マハティール首相のマレーシアの発展ビジョンに、「成熟した民主的社会」が含まれていた。しかし、それは、決して個人の自由権の保障を基礎とする「西欧型」民主主義でなく、合意を重視した共同体志向の「マレーシア型民主主義」であるという(鳥居高編『マハティール政権下のマレーシア』)。

国家コーポラティズム「拡大版」の現実

さらに、中国政府は「コーポラティズム」という欧州発の政治学理論を活用し、政治協商会議などを合意型の政治制度として位置づけ、中国式民主主義に仕立てている。まずコーポラティズムとは何か、中国のコーポラティズムがどのような特徴をもつかを見てみよう。

第二次世界大戦後、西欧諸国はコーポラティズムと呼ばれる仕組みによって政策合意の形成を図り、民主主義体制の運営を補おうとしてきた。経営者側と労働者側はそれぞれ単一もしくは少数の頂上組織をもつが、頂上団体が賃金や物価の上昇率について交渉し、政策合意を形成する。この政策協議の仕組みをコーポラティズムという。政策交渉は労働、福祉、経済を中心に行われるために、労使協調型政治経済システムとも呼ばれている。

コーポラティズムの流行は、競争的な利益団体政治の歪みに対する政治的反発とも関係する。アメリカのデモクラシーの論理によると、利益団体は国会等の場で競い合えば競い合うほど、

表 4-1　政治協商会議における民主諸党派と主な社会団体

民主諸党派	中国国民党革命委員会，中国民主同盟，中国民主建国会，中国民主促進会，中国農工民主党，中国致公党，九三学社，台湾民主自治同盟
人民団体	中華全国総工会，中国共産主義青年団，中華全国婦女聯合会，中国科学技術協会，中華全国帰国華僑聯合会，中華全国台湾同胞聯誼会，中華全国青年聯合会，中華全国工商業聯合会
社会団体	中国文学芸術界聯合会，中国作家協会，中華全国新聞工作者協会，中国人民対外友好協会，中国人民外交学会，中国国際貿易促進会，中国残疾人聯合会，宋慶齢基金会，中国法学会，中国紅十字総会，中国職工思想政治工作研究会，欧米同学会，黄埔軍校同学会，中華職業教育社

異なる利益がバランスよく政策に反映されるはずである。しかし、現状では、業界などの巨大な利益集団は組織化の度合いが高く、動員しうる資源も多い。そのために、政策決定はしばしば巨大な利益集団の意向に左右され、政治的なバイアスが大きくなる。

先進国のコーポラティズムと比べれば、中国のコーポラティズムは次の二つの点でその拡大したバージョンといえる。まず、先進国のコーポラティズムは政策合意形成の手法に過ぎないが、中国のコーポラティズムは、国家の基本制度の構成要素でもある。中国では、民主諸党派と称される八つの政党が一九四〇年代から、中国共産党と統一戦線を組んできた。建国以降、民主諸党派は共産党の指導権を受け入れる代わりに、共産党は民主諸党派に各級の人民代表大会とその常務委員会、政治協商会議委員会に一定の枠を配分し、国家機関にもその出身者を登用している（表4-1）。

第二に、政策合意形成の手法として、先進国のコーポラティズムは主に労働や分配政策に限られるが、中国のコーポラティズムは、労働以外の分野でも幅広く導入されている。民主諸党派のほか、全国総工会、共産主義青年団、全国婦女聯合会、中国科学技術協会、全国華僑聯合会、台湾同胞聯誼会、青年聯合会、全国工商業聯合会の八つの人民団体は官製の社会団体として政治協商会議に枠を持ち、それぞれの立場から政策協議に参加する。

また、中国文学芸術界聯合会、中国作家協会、中華全国新聞工作者協会など二〇以上の社会団体は官製団体として、各級人民代表大会、政治協商会議、共産党委員会に一定の枠をもち、政策の決定に発言力を有する。さらに、中央と地方では、業界団体を中心に数多くの団体が存在し、政府の管轄官庁と良好な関係を保っている(黄媚博士論文、未発表)。

一九五六年の反右派闘争から文化大革命の終焉まで、共産党への集権化が進み、民主諸党派や社会団体の自主性は厳しく制限されてきた。改革開放時代に入ってから、各級国家機関の要職に登用される民主諸党派の出身者の人数が増えてきた。二〇〇七年の『中国的政党制度白書』によると、各レベルの人民代表のうち、非中共党員は一七・七万人である。また、三・一万人の非中共党員が県・処長級以上の幹部に任命された。そのうち、二四人が副省長に選ばれた。八つの民主諸党派のトップはそれぞれ全国人民代表大会常務委員会副委員長あるいは全国政治協商会議副主席の職についている。

また、中国政府は民主諸党派や社会団体の発言力の向上に前向きな姿勢を見せてきた。たとえば、二〇〇七年の第一七回党大会の政治報告は、「政治協商を政策決定の手続きに組み入れ、民主的監督メカニズムを健全なものにし、国政への参加と国政審議の実効を高める」「労働組合、共産主義青年団、婦女連合会など人民団体が法律とそれぞれの規約によって活動を展開し、社会管理と公共サービスに参画することをサポートし、民衆の合法的な権益を擁護する」と述べている。近年、党中央は重大政策を決定する前に、手続きとして必ず民主諸党派の指導者を招き、状況の説明や意見の聴取を行っている。また、一時期、党の執行部や政府は組合の責任者を招き、関連政策を討議決定する「聯席会議制度」が模索された。

政治協商会議制度などを政策合意形成の枠組みとして活用しようという中国政府の姿勢もあり、一部の学者はしばしばコーポラティズムを「協商民主」「中国式民主主義」と称えている。たとえば、房寧・中国社会科学院政治学研究所長は民主主義体制を選挙型と協商型に分けたうえで、選挙型民主主義体制には勝ち負けがあるが、協商型民主主義体制はウィン・ウィンを目指すという長所を強調している。彼によれば、協商型民主主義体制では、参加者が各自の利益の交わりを求めて協議し、個別利益の中の共通利益を見出し、対立を最小にまで減らすことができる(「「協商民主」は中国の民主政治発展の重要な形式」『人民網日本語版』二〇一〇年一月六日)。

ただ、房寧の主張は以下の点において必ずしも正しくない。第一に、公正な国政選挙は手続き的な民主主義の根幹であり、一党支配を前提とするコーポラティズムは民主主義体制にはなりえない。第二に、欧米各国では、コーポラティズムは選挙型民主主義体制を補強するものであり、両者は必ずしも矛盾しない。第三に、現時点で、民主諸党派、社会団体の重視は中国政府のポーズにすぎず、中国政府との対等な政策協議はまったく実施されていない。欧米型のコーポラティズム論では、政治的多元主義の存在や社会団体の高い自主性を前提とするもの(社会コーポラティズム)と、中国のような権威主義体制を前提とするもの(国家コーポラティズム)とを区別している。

討議デモクラシーと政策過程への参加

欧米各国では、討議デモクラシー(deliberative democracy 熟議デモクラシーとも訳す)は平等かつ自由な討議による合意形成を強調し、選挙型民主主義体制の運営を補強しようとするものである。その議論の前提となるのは、選挙で選ばれている政府は必ずしもすべての社会問題の解決に対応できず、国民が公共政策をめぐる討議に参加し、決定に関わることによって、統治能力や統治の正統性を強化できるということである。なぜならば、「民主的な正統性が、ますます集合的決定に従う人びとの側での効果的な討議への参加の能力あるいは機会という観点から理解されるようになっている」からである(田村哲樹『熟議の理由』)。

討議デモクラシーもコーポラティズムも政策合意の形成を主張している。ただ、政策合意形成の方法について、両者は必ずしも同じでない。コーポラティズムは利益が互いに競合する頂上団体の政策協議や利害調整に力点を置いている。これに対して、討議デモクラシーは、市民が対等な立場で参加し、討議による合意の形成を強調する。

討議デモクラシー、とくにその実践としての討議型世論調査は、討議の質を確保するために、討議の手続きを重視している。第一に、代表性を確保するために、参加者を無作為抽出によって選ぶ。第二に、効果的な討議を行うために、市民は小規模なグループに分けられ、「討議の倫理」に従って十分な討議を行う。第三に、政府や専門家が討議の参加者に正確な偏りのない情報を提供する。第四に、討議の前と後にアンケート調査を行い、討議の結果を国民的な対話や、場合によっては現実の政策過程に活用する（ジェイムズ・S・フィシュキン『人々の声が響き合うとき』）。

討議デモクラシーの用語が中国で使われるようになったのは、ごく最近のことである。また、討議デモクラシーとコーポラティズムはあまり区別されず、ともに「協商民主」と呼ばれる傾向が強い。また、こうしたことは別として、一部の研究者、とくに政府関係者（たとえば、李君如・元中央党学校副校長）は、政策過程への参加や公共問題への広範な討議が活発化しているという点に着目し、討議デモクラシーを中国式民主主義と呼ぶ。

改革開放時代に入ってから、政策過程に関する国民の参加、とりわけ専門家の参加が提唱され始めた。一九八〇年代半ばに政治改革のムードが高まる中で、中国政府は政策決定の「民主化」「科学化」を提唱し、専門家や実務経験者に対する意見聴取を政策決定の手続きの一環とし、「専門家諮問制度」などに着手した。近年、「開かれた政策の決定過程」と「参加型のガバナンス」が提唱されている。

たとえば、公共料金の改定について、国有企業と消費者とは立場が必ずしも同じでない。中国政府は一九九八年に価格法を制定し、二〇〇一年には価格公聴会実施細則を整備し、公聴会制度を利害調整の場として活用しようとした。その後、鉄道料金や航空運賃を改定した際に、テレビやインターネットが公聴会を生中継し、人々の注目を集めた。世論の好評を得て、環境アセスメントや行政処罰、法律審議は一部に限っているが、公聴会制度を開催することがある。また、国民が強い関心をもつ法律の制定・改正に関して、中国政府は事前に草案や改正案を公表し、幅広く国民の意見を求めている。たとえば、全人代常務委員会は二〇一一年九月から、刑事訴訟法改正案を公表し、国民の意見を求めた。一カ月間の意見聴取期間中に、七万八〇〇〇件の意見が寄せられた。その中で、法律専門家からの批判的な意見が世論の注目を浴びた。近年、刑事訴訟法改正案のほか、婚姻法改正案に関する議論も盛り上がりを見せた。

村民自治を進める中で、中国政府は村民を村の公共事務に参加させようとしている。たとえば、村が道路建設や土地整備などの事業を進め、各農家に経済的負担を求めることについて、中国政府は「一事一議」(一つの事項、一つの討議決定)の制度を制定した。それは、村民委員会が村民代表会議を招集し、プロジェクトについて討議・決定するものである。有効な決定のためには、一八歳以上の村民の半数以上、または三分の二以上の農家の代表が出席し、参加者の半数以上の賛成を得なければならない。

温嶺市の「民主懇談会」は討議デモクラシーの実践としてもてはやされている。たとえば、二〇〇五年、澤国鎮は公共事業の取捨選択を決めた際に、民主懇談会を開催した。スタンフォード大学教授のフィシュキンらの協力もあり、その民主懇談会は次のように討議型世論調査の手法を採用した。まず、政府は三〇項目の公共プロジェクトをリストアップし、無作為の抽選で人口の一二万人から二七五名の代表を選んだ。そして、政府は懇談会招集の一五日前にプロジェクト関連の資料を代表たちに配布し、専門家が説明を行った。代表たちは二度にわたってグループ討議(六つに分けられる)をし、全体討議を経て投票を行った。最終的に、鎮政府は代表の投票結果を踏まえ、一二のプロジェクトを確定し、鎮人民代表大会の承認を得た(『学習時報』二〇〇五年一〇月二五日)。

討議デモクラシーは、選挙によって選ばれた代議機関の討議決定と市民による討議の結果との関係、あるいは行政の専門知識と素人の議論との関係をどう処理するかといった難問に直面している。その制度化と普及が欧米でもあまり進んでいない。ただ、中国では、公共問題に関する議論が徐々に活発化しているとはいえ、手続きや基準からすると、それは、欧米各国で提唱されている討議デモクラシーとは程遠いものである。

「共通の価値論」と民主化への「中国の道」

政治のプロセスは政府の形成と政策決定の二つに分けられる。欧米諸国は公正な国政選挙による政府形成の手続きを民主主義体制の基本とし、コーポラティズムや討議デモクラシーによる政策合意の形成を民主主義体制の第二、第三の回路、つまり補強的なものと位置付けている。他方、コーポラティズムや討議デモクラシーに依拠する中国式民主主義は、政策合意を強調するが、公正な選挙による政府の形成といった欧米型民主政の核心的な問題を避け続けている。

そもそも、中国政府が中国式民主主義を打ち出す主な目的は、欧米型民主化の実行という内外の政治的圧力をかわし、一党支配体制とそれによる保守的な改革路線を正当化するということにある。より多くの人が中国式民主主義の「論理」を受け入れ、あるいはその論理に部分的な説得力を感じていれば、それだけで政治的な効果が生まれる。言い換えれば、中国政府にとって、中国式民主主義論は政治的道具にほかならない。

他方、中国政府は「秩序のある政治参加の拡大」を提唱している。国家コーポラティズムや政策の議論への幅広い参加が政策運営に対し、民主的な手法としてある程度は機能しているのも事実である。そして、社会団体の自主性が高ければ高いほど、また政策の議論が開かれれば開かれるほど、民意は政策に反映されやすくなる。したがって、抜本的な政治改革が断行されない限り、国家コーポラティズムや討議デモクラシーは決して真の民主政ではないが、その政治的進歩の意味を否定する必要もないであろう。

さらに、グローバル化、情報化、自由化が進む中で、中国政府は普遍的な価値を認める傾向も部分的には見られた。たとえば、経済の自由化が進展するにつれ、民間企業家の規模や影響力は拡大している。二〇〇〇年二月、江沢民は「共産党が先進的生産力の発展要求、先進的文化の前進方向、中国の最も広範な人民の根本的利益を代表すべき」という「三つの代表論」を提起し、経営者の入党を認めるべきことを主張した。いままで、共産党は自らを労働者階級の政党として標榜してきたことを考えると、「三つの代表論」は共産党が新興勢力を取り込み、階級政党から国民政党へと脱皮しようとする動きといえよう。

欧米からの人権攻勢を前に、中国政府は一九九〇年後半に国際人権規約に署名し、二〇〇四年三月に「国家は、人権を尊重し保障する」という文言を憲法に挿入させた。二〇〇七年六月、温家宝総理は外務省の高官を前に、「科学、民主、法制、自由、人権は必ずしも資本主義が独占するものではなく、人類が長い歴史過程で追い求める共通の価値であり、共に文明を作り上げる成果である」と述べた。ここでいう「共通の価値」は、欧米型の普遍的な価値に近いものであろう。

中国政治の慣例では、政治指導者の公式演説は個人の見解というより、党中央の合意、少なくとも同意の手続きを経たものである。また、党中央の機関紙である『求是』が温家宝演説を公表した。さらに、表現が微妙に違うが、胡錦濤の訪米演説や党大会の政治報告がそれに近い見解を示したことがある。

温家宝総理の言及した「共通の価値」に対し、現役の高官を含む国内の左派は政治批判のキャンペーンを展開した。このように、「共通の価値」はいかに権力内部のコンセンサスを得るかが依然として大きな課題である。さらに、どうやって「共通の価値」を実現していくかという方法論、アプローチの問題もある。温家宝総理は「共通の価値」を提起した時、「歴史の各段階では、それぞれの国は文明を実現する形式、経路が異なり、統一したモデルが存在しない。中国式民主主義の建設は、独自の道を歩まなければならない」とも述べている。

3　緩やかな自由化

中国政府は政治改革を社会主義政治体制の自己改善と位置付け、欧米型政治体制の導入をはっきりと否定しているが、経済発展を目的とする政府改革に積極的な姿勢を見せるほか、条件付きで政治的自由と権利の緩やかな拡大を容認してきた。第二章ではすでに政府改革を取り上げた。ここでは、村民委員会選挙改革や情報公開を例に自由と権利の緩やかな拡大の実態を見てみよう。

村民委員会選挙制度の改革

民主主義国家では、選挙権の行使はもっとも重要な政治参加とされている。中国では、スピードがきわめて緩慢であるが、選挙改革も模索されている。県と県以下の人民代表の選挙は一九八〇年から直接選挙、差額選挙（定員数と同じ候補者数を立てる以前の等額選挙とは異なり、定員数を上回る候補者を立てること）を導入した。都市と農村部に関する選挙権格差（八倍と設定された）は縮小し、二〇一〇年選挙法改正で解消された。候補者の選挙活動は一定の拡大を見せた。

農村のコミュニティは村、都市のコミュニティは社区であり、村民委員会と居民委員会がそれぞれ執行部となる。一九八二年憲法は村民委員会と居民委員会を住民自治の基層組織と位置付けた。一九八七年の「村民委員会組織法（試行）」は村民委員会の直接選挙を定めた。それから、一部の地域では、有権者が自由に村民委員会の候補者を推薦する「海選」、一つのポストに複数の候補者を立てる「差額選挙」、有権者の投票によって正式な候補者を確定する「予備

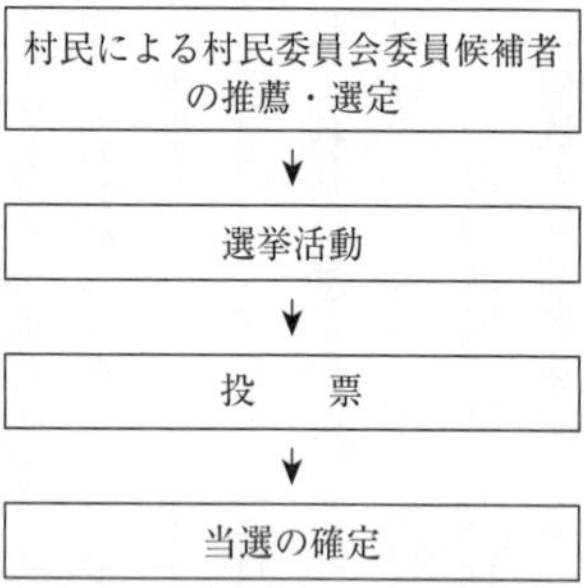

図 **4-2**　村民委員会の選挙手順

選挙」のほか、選挙演説、秘密投票、開票作業の公開などの改革が模索された(図4-2)。

地方の模索を経て、全人代常務委員会は一九九八年に村民委員会組織法を改正し、全国の村民委員会選挙に自由競争のメカニズムを導入した。選挙改革によって、総人口の六〇%を占める八億(二〇〇三年)の農民が民主主義の実践に参加し、そのことを通して、政治意識がいくぶんか向上してきたと思われる。国内外の専門家は村民委員会の直接選挙を「草の根」民主主義の萌芽として積極的に評価している。

もともと、中国の政治指導者の中には自治の範囲を村から郷鎮、県、省へと徐々にレベルアップしていく民主化戦略を描いているものもいた。たとえば、一九八〇年代半ば、彭真・全人代副委員長は村民自治を八億の農民が民主主義の訓練を受ける場として捉え、下から上への自治の拡大を力説した。近年、温家宝総理も全人代の記者会見などで、自治を最終的に省のレベルにまで拡大させていくべきことをくりかえしている。ただ、実施の時期や条件はいずれも提示されていない。

農村での進展を受けて、直接選挙の拡大への期待と要求が一時期高まった。中央弁公庁・国務院弁公庁の通達(二〇〇〇年一二月)は、都市部の社区委員会(従来の居民委員会を再編したもの)の直接選挙を指示した。また、四川省、広東省は郷・鎮長(経済が発達する地域は「鎮」、遅れている地域は「郷」と呼ぶ)の直接選挙を試みたことがある。

ただ、近年、選挙改革は停滞状態に陥っている。統制力の低下を恐れた中国政府が、直接選挙の拡大に消極的な姿勢を見せ、さまざまな手段で村民委員会の選挙に介入している。また、村民委員会選挙への宗族や暴力団の介入、選挙買収といった深刻な問題も発生している。

党内選挙制度の改革

これまで、上級機関の郷・鎮党委員会は事実上、村の党支部や村民委員会の構成員を任命してきた。また、村党書記の地位は村民委員会主任よりも高い。しかし、村民委員会選挙の改革が行われると、村党書記は上級機関に任命され、村民委員会主任は村民の投票によって選ばれるようになったため、村党書記と村民委員会主任のどちらが村民を代表するかという問題が浮上してきた。とくに、官製の候補を破って当選した村民委員会主任は、多数の村民から支持を得たという理由で、党書記の権威に挑戦するケースが続発した。

中国政府は農村への指導権を確保するために、村で党書記の地位と権威を維持したい。他方、選挙による民意を無視するわけにはいかない。バランスを図るために、一部の地方では二〇〇〇年前後から新しい方法で党書記を選ぼうとした。第一段階では、村民が党支部の委員候補を推薦する。第二段階として、郷・鎮党委員会が委員候補者の資格を審査し、推薦票の得票数を参考にして、正式な候補者名簿を決める。第三段階では、党員が郷・鎮党委の承認を得た正式な候補者名簿から、差額選挙の方式で党支部の委員を直接選出する。そして第四段階では、党支部委員たちが書記を選出する。

こうした党内選挙制度では、上級党組織の介入が認められるものの、これまでの任命制と比べれば、村民と党員の意向が反映されやすい。村民が支持しない村幹部は推薦の段階で落選させられる。村民は推薦の段階で、また党員は選挙の段階でそれぞれ一票を投じることができるために、この選挙制度は、「二票制」「公推直選」とも言われている。二〇〇七年の第一七回党大会はこうした模索を評価し、民意を重視しながら、党員が投票で党支部の構成員を選出すべきことを指示した。

中国政府は各級指導幹部の選出に差額選挙を導入し、党代表や人民代表にある程度の選択の幅を認めている。一九八七年の第一三回党大会では、党中央は保守派指導者の筆頭格である鄧力群(中央書記処書記兼中央宣伝部長)を中央政治局委員の候補者に昇進させる予定であった。しかし、鄧力群が中央委員の差額選挙で落選したために、昇進の道を絶たれた。次に、党中央は鄧力群を中央顧問委員会の副主任に就任させようとしたが、またもや差額選挙で落選させられ、実現しなかった。

一九九三年、党中央が決めた貴州、浙江の省長予定者が人民代表の投票で落選させられた。とくに、上級機関が任免権をもつ副職が党内または人民代表大会の差額選挙で落選させられる事例が増えている。ただ、関係当局が報道規制を行うために、落選事件の多くは知らされてこなかった。

近年、中国政府は指導幹部の選出に関し、少しずつ推薦者の範囲を拡大し、選挙の差額の幅を広げようとしている。一七期党大会中央委員と中央委員候補の選出過程に関して言えば、推薦者は四万三〇〇〇人強に達し、一六期党大会より四三・三％増となった。差額の幅は中央委員が八・三％、中央委員候補が九・六％、中央紀律検査委員会委員が八・七％に達し、いずれも一六期の五％台を超えた。

二〇〇七年六月、四〇〇名強の一六期中央委員とその候補、関係機関の責任者が、二〇〇名の名簿から「一七期中央政治局委員に相応しいと思う」候補者について「推薦票」を投じた。孟建柱・江西省委書記の得票が多かったため、のちに国務委員兼公安部長に抜擢されたと伝えられている。ただし、「推薦票」の投票結果が全体としてどのように指導幹部の人事に反映されたかは不明である。

腐敗防止策としての情報公開

情報公開や報道の自由は自由権に深く関わる問題であると同時に、行政の効率や政治参加に大きな影響を与える。共産党政権は一党支配を維持するために、今日に至るまでメディアなどを統制下に置き、情報規制や世論誘導、言論統制を行ってきた。他方、改革開放路線が拡大する中で、情報の流通は徐々にではあるが、量的にも質的にも改善している。

情報公開が政府の政策として初めて打ち出されたのは、一九八七年の第一三回党大会である。当時、ゴルバチョフはソ連でグラスノスチを積極的に進めていた。その刺激もあり、趙紫陽らの改革指導者は「重大問題は人民に知らせるべき」とのスローガンを掲げ、政治の透明性の改善を主張した。全人代常務委員会は会議傍聴制度を導入し、政治局会議開催に関する報道が定例化し、関係機関は新聞法の制定に取り組んでいた。

しかし、一九八九年の天安門事件によって、政治改革も情報公開も大きく挫折した。結局、情報公開が再開されるのは、一九九〇年代後半になってからである。その取り組みの目的はもはや自由化の推進ではなく、政治腐敗の防止と取り締まりに置かれた。政治腐敗が急増し、しかも次第に大型化していったからである。「腐敗の取り締まりをしなければ、国が滅びる。腐敗を取り締まれば、共産党が滅びる」という言葉がその深刻さを如実に示した。

情報公開制度の整備は村務公開から始まり、下から上へというプロセスをたどった。一九九八年四月に出された中共中央弁公庁と国務院弁公庁の共同通達は、村民の参加と監督を目的とし、以下の項目を公開事項として列挙した。①村の公共プロジェクト、②村の財産と財務収支、③土地の収用と宅地申請の審査と許可、④計画的出産の枠、⑤各種の経済的負担、⑥集団所有地の利用と集団所有企業の請負、⑦救済資金と救済物資の配分、⑧村幹部の活動計画、⑨村幹部の給与などである。同通達は掲示、有線放送および村民会議の招集などを村務公開の方法とし、二～三カ月ごとの定期公開と随時公開の併用を指示した。

その後、中国政府は情報公開のレベルアップを図り、二〇〇〇年一二月に郷鎮政府、二〇〇一年一一月から県級政府、二〇〇四年四月から市級政府に関する政務公開制度の整備を指示した。また、党中央は政務公開の活動を組織的に推進するために、「全国政務公開領導小組」を二〇〇三年初めに発足させた。同小組は毎年会議を開き、各年度の政務公開の取り組みの重点を決めることになる。

情報公開条例の制定

情報公開条例の制定は現段階における情報公開に関する一つの到達点である。二〇〇二年一〇月一四日、広州市政府常務会議は「知る権利」の実現を保障し、政府活動の透明度を高めるために、全国初の地方情報公開条例を制定した。同条例は「原則は公開、非公開は例外」を高らかに宣言し、「合法」「迅速」「真実」「公正」などの原則を明記した(第六条)。非公開とされる情報は、個人のプライバシー、商業秘密、国家機密のほか、討議中の政策情報に限られる(第一四条)。

また、同条例は広州市政府が積極的に公開すべき情報に関して、①政策、②財政、③人事(以上は第九条)、④行政活動(第一〇条)、⑤行政処罰(第一一条)、⑥清廉潔白(第一二条)などを列挙し、情報請求権を明記した上で請求の手続きを定めた。さらに、申請者は非開示の決定に対して、行政不服を申し立て、行政訴訟を起こし、賠償を請求することができる(第二九条)。

広州市政府が全国初の情報公開条例を作ってから、一部の地方政府がそれに追随した。二〇〇四年四月には深圳市、杭州市が、五月には上海市、成都市、重慶市、武漢市が、一一月には寧波市がそれぞれ情報公開の条例を制定した。また、これらの地方政府は広州市の情報公開条例の内容を踏襲しながら、世論や上級機関に改革の姿勢をアピールするために、独自色を打ち出そうとした。

こうした地方の模索を経て、国務院は二〇〇七年四月に「国務院情報公開条例」を決め、二〇〇八年五月一日から施行することを発表した。情報公開条例は政府が積極的に公開すべき情報の項目を列挙し、情報請求権を明記した。申請者は非開示の決定に対しては、行政不服を申し立て、行政訴訟を起こすことができる。

「法治国家」が必ずしも実現されていない中では、情報公開条例の実効性には問題がある。しかし、条例の制定は前進への一つのステップになるに違いない。たとえば、清華大学の大学院生である李燕は、二〇一一年五月から国務院一四の部に対し副部長の責任分担の情報公開を請求したが、教育部、国土資源部、科学技術部がその請求を拒否した。同年九月に、李燕は行政訴訟を起こすと、『新京報』はそれを報道し、中国ヤフーなどの大手ポータル・サイトがそれを転載して、大きな反響を呼んだ。二〇一一年一〇月、三つの中央官庁は請求された情報を公開し、李燕は行政訴訟を取り下げた。

メディアの商業化運営と報道改革

改革以前、メディアは政府の「事業部門」と称し、その運営費は財政予算から支出されていた。党委宣伝部はメディアの人事権を握り、取材・報道活動を厳しくコントロールしてきた。一九八〇年代以降、市場経済化が進む中で、中国政府はメディア機関に対し「企業型経営」「独立採算制」を導入すると同時に、メディア産業を文化産業の一つとして捉え、その発展から巨大な利益を見出そうとしている。

現在、メディアは激しい市場競争で購読者を獲得し、視聴率を上げるために、消費者本位の紙面づくりや番組づくりを進めている。その中で、報道の立場はかつての「権力一辺倒」から、権力の意思を考慮しながらも視聴者や読者へと傾斜し始めた。メディアに対する政府の管理体制は変わらないが、市場原理や競争メカニズムが機能した分、政府の統制力が事実上弱まっているといえよう。

毛沢東時代のメディアはすべてが宣伝用であった。改革開放時代に入ってからは、市民向けのメディアが出現した。新聞、テレビを例にとると、『人民日報』や中央テレビ局の「新聞聯播」(夕方七時に放送される総合ニュース番組)は宣伝用、『都市報』や娯楽番組などは市民向けのメディアとなる。競争の結果をみれば、宣伝用のメディアは「負け組」、市民向けのメディアは「勝ち組」になっている。たとえば、『人民日報』の販売部数は一九七九年の六〇三万部がピークで、二〇〇一年には一七七万部へと激減した。他方、市民向けの新聞は生活密着型の情報を提供することで個人購読者の需要を起こし、市場の占有率を伸ばしている。こうして、読者や視聴者は、消費行動によってメディア再編や報道改革の方向性に影響を及ぼし始めている。

情報化、グローバル化が進む中で、官製メディアとソーシャル・メディア、国内メディアと国外メディアが情報の発信能力、世論形成の主導権を競い始めている。中国政府が以前のように国外情報を遮断することはもはや不可能である。現在、BBC、CNN、NHKなどの外国テレビ局は、三つ星以上のホテル、外国人居住の住宅、教育・研究・メディア・金融・経済貿易機構の施設に番組放送を行っている。また、往来の急増、携帯電話、とくにインターネットの発展によって、国内外の情報は迅速、大量に流れている。二〇〇三年のＳＡＲＳ（重症急性呼吸器症候群）事件が示しているように、不都合な問題に関する情報隠蔽や情報操作が国外のメディアによって暴露されると、中国政府はたちまち受身的な釈明を強いられる。

近年、インターネットが浸透し、ミニブログ（中国語は微博＝ウェイボー）と呼ばれる中国版ツイッター利用者が二億人以上にも達する中で、ソーシャル・メディアは中国政府のメディア統制に大きく挑戦しようとしている。たとえば、二〇一一年七月二三日、温州高速鉄道事故が発生してから四分後に、乗客が「衝突」とミニブログに書き込み、三時間余りのうちに「尋ね人」「犠牲者名簿」などの関連情報が三二八万件に達した。その後、中央宣伝部は独自報道に対し禁止令を出したが、一部の記者はネット上で事件を報道し続けた（『朝日新聞』二〇一一年八月五日）。

中国政府にとって、メディア統制だけでは、もはや世論形成の主導権を確保することができない。近年、中国政府は国内外への発信能力を強化するために、「突発事件」の速報体制を構築するほか、発信能力の向上を図ろうとしている。二〇〇三年七月一日、中央テレビ局は二四時間放送の新聞頻道（ニュース・チャンネル）を正式に開設し、国内外のニュースや報道特集を放送している。二〇〇八年に四川大地震が発生したとき、中央テレビ局はほぼ二四時間体制で震災現場の状況を生中継し続け、国際社会からも注目された。

上からの政治改革への中間評価

欧米型民主化を支持する立場からすれば、中国の政治改革はスピードが遅く、限界も大きい。旧ソ連の政治改革と比べれば、それは一目瞭然である。選挙改革を例にとると、ゴルバチョフはペレストロイカに着手してから三、四年のうちに、選挙に競争のメカニズムを導入した。中国では、競争メカニズムの導入は村民委員会の選挙にほぼ限定されている。しかも、選ばれた村民委員会主任は、いまだに村党書記の指導下に置かれている。

情報公開に関しても、中国と旧ソ連は大きな違いを見せている。旧ソ連のグラスノスチは報道や言論の自由を大幅に拡大した。それに対して、中国の情報公開は行政効率の改善、腐敗の防止、ガバナンス能力の向上を目的とし、取り組みの重点は行政情報の公開に置かれている。その結果、ホットな社会問題や突発事件は部分的な公開に止まっている。とくに、人事、利益の配分、政策決定のプロセスには不透明な部分が多い。

中国政府はしばしば政治的自由化の流れに厳しい制限を加える。一九八二年憲法には四つの基本原則(共産党の指導権、社会主義の道、プロレタリア独裁、マルクス主義)の堅持が盛りこまれ、それによって体制の正統化を図り、言論を規制している。近年、中国政府は欧米型民主化の主張や社会衝突を対象とし、ネット検閲を強めている。

旧ソ連のグラスノスチの推進で、スターリンの「暴政」「圧政」が大々的に暴露された。それに対して、中国政府は一九八一年に建国以後の歴史問題に関する決議を採択し、事実上歴史批判にガイドラインを設けた。たとえば、鄧小平は文化大革命を「内乱」と位置付け、「徹底的否定」を主張したが、事件の究明や責任の所在については、「宜粗不宜細」(細かく解明するより、大ざっぱにするほうがよい)との方針を示した。いまでも、文革に関する論文や書籍の出版は当局の許可が必要とされている。徹底した暴露は党内の団結や社会統合に悪影響を及ぼしかねないという理由からである。

同じ自由化でも、中国と旧ソ連とでは進め方が大きく違っていた。ゴルバチョフは国民から改革への支持を調達し、保守派の抵抗を排除するために、自らのイニシアチブで大胆な自由化、民主化を進めていった。それに対して、中国政府は積極的に自由化を推進してきたというより、やむを得ず少しずつ下からの要求を受け入れてきたというべきであろう。また、自由化の流れを抑制しようとするところで、取り締まりや人権弾圧がしばしば発生する。その結果、民主化につながった旧ソ連の自由化とは違い、中国の自由化はすぐには民主化につながらない。

他方、長いスパンで見る場合、自由化は拡大しているのも事実である。たとえば、情報公開の推進過程で、中国政府が掲げるその目的や理念も徐々に変化し、腐敗の防止、行政効率の向上から行政サービスの改善、知る権利の実現、政治参加の促進などへと拡大しようとしている。

これまで、メディア機関は政府が世論を誘導する道具とされてきたが、近年、徐々に情報伝達に力を入れ、国民の声を伝えようとしている。こうした上からの政治改革は、小さな制度改革の積み重ねによって、政治運営を改善し、自由の枠を広げ、人々の政治意識を高め、政治参加を拡大させてきたと評価できる。

権威主義体制の変容論

しかし、一番の問題は、中国政府が将来的にどこまで緩やかな自由化の流れを容認し、欧米型民主化を認めるかということである。多くの論者は政治権力の維持という共産党の思惑に着目し、上からの政治改革には越えられない一線があるという限界論を提起している。しかし、こうした限界論は必ずしも権威主義体制の変容といった事実を分析の視野に入れておらず、その結論はあまりにも静態的かつ決定論的ではないだろうか。

分析の視野を政治改革と経済改革、政治権力の維持と自己改革の努力、上からの政治改革と下からの民主化要求といった相互作用のメカニズムへと拡大する場合、雪だるま式に自由化が拡大する可能性も期待できるのではないだろうか(図4-3)。まず、経済発展は、上からの政治改革の出発点となる。その目的が達成され、経済が発展する場合、社会構造や国民の意識も変化する。それは政治改革や自由化への新たな要請につながるであろう。実際、改革開放時代の三〇年間、「経済発展、経済改革が政治改革を要請し、政治改革の実施が経済発展、経済改革を支え、促していく」という循環が見られた。

これまでのところ、上からの政治改革はあくまでも一党支配の維持を目的としているが、政府がどうやって環境の変化に適応し、支配を維持するかは大きな課題である。中国政府にとって、「力だけによる支配」は時代の流れに合わず、長く続かないとするならば、残される選択は、発展の実績づくりによって国民の支持を調達すること以外にない。そのため、中国政府は絶えず自己改革を図り、ガバナンスの能力を改善していかなければならない。

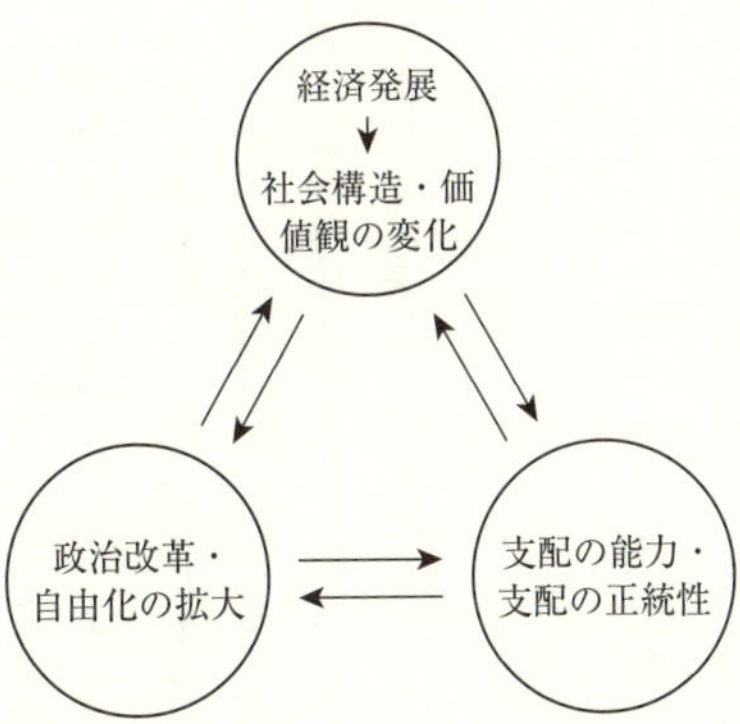

図4-3 改革開放時代における自由化拡大のメカニズム

改革開放時代の三〇年間、権力の維持を目的とする自己改革の努力はガバナンス能力の向上、発展の成果につながり、そして国民の支持拡大から生まれた支配への自信が、自由の緩やかな拡大を可能にした。逆にいえば、経済成長が限界に達し、発展の実績がうまくいかなくなることは、中国政府が国民の支持を失い、一党支配体制が揺らぐことを意味する。もっぱら既存の政治構造に焦点を当てる静態的な限界論と違って、このような変容論は中国政府が一党支配を維持するためにも、常に内外環境の変化、とくに国民の新たな要請に合わせて政治改革、自己改革を行わなければならないという点に着目し、中国政治が引き続きダイナミックに変化していく可能性を捉えようとする。また、その延長線に、市民社会の成長、国家と社会との力関係の逆転の可能性を視野に入れ、一党支配の解体と民主化の将来を展望しようともしている。もちろん、ここで示された民主化のシナリオは決して一直線でなく、長い紆余曲折のプロセスとなろう。

第五章　下からの民主化要求

自由と民主主義は人々が闘って勝ち取るものである。改革開放時代に入ってから、政治的自由化が緩やかに拡大してきたが、それは国民がさまざまな行動を起こして自由と権利の保障を強く求め、中国政府がやむをえず要求の一部を認めた結果に過ぎない。今後、中国の民主化を成功させるために、民主化側が運動を大きく盛り上げ、権力側にそれを迫る必要がある。なぜならば、中国政府が政治権力や既得権益を維持するという立場から、自ら民主化に踏み切ることはまず考えられないからである。

中国の民主化支持勢力は三つのグループに分けることができる。第一は、体制内の改革派である。彼らは政治的安定の維持を前提に自由と権利の拡大を主張するが、公の場での厳しい政府批判を控え、民主主義の内容を語ろうとしない。第二は、リベラルな改革派である。この勢力は国内外の反体制組織とは一線を画しながらも、公の場で激しい政治批判を展開し、欧米型民主化を主張する。第三は、反体制活動家である。彼らは国内外の支援勢力と連携して民主化運動を起こそうとし、中国政府から厳しい取り締まりを受けている。

本章では、民主化の主な担い手とされる中間層の政治意識に焦点を当てながら、下からの民主化の要求を取り上げる。

1　民主化の担い手としての中間層

リプセット仮説

下からの民主化要求を考える際のポイントの一つは、だれが中国の民主化の担い手となるかということである。かつての欧米各国では、ブルジョアが革命を起こして、民主主義政治を成功させた。それに対して、産業化と都市化が進んだ現代では、中間層がしばしば民主化の担い手として論じられる。その中で、アメリカの政治学者であるリプセットは一九六〇年代末に、中間層を媒介とし、経済発展は民主化を促進するという有名な仮説を提起した。

このリプセット仮説を詳しく説明する前に、まず、中間層とは何かを確認しておこう。社会科学の研究では、①所得水準と個人資産（住宅、車、保険など）の保有状況、②職業、③自己認識が階層区分の三大基準となっている。そのうち、自己認識は個人の主観的な判断に基づくものである。所得基準は客観的であるが、平均所得水準は先進国と途上国との格差があまり大きいために、国際比較はきわめて難しい。他方、どの国でも、職業は所得水準や社会的地位と関連するために、中間層の国際比較では、職業の基準がよく使われる。

職業を基準とする場合、中間層は、新中間層と旧中間層から構成されている。新中間層には、専門職、技術職、管理職、事務職、販売職が含まれる。いわゆるホワイトカラーである。彼らは都市部で働いているために、都市中間層とも呼ばれている。また、新中間層の社会的地位を細分化する際に、販売職を周辺中間層と呼ぶこともある。旧中間層は、主として被雇用者である新中間層と違い、一定の資産を有する自作農や中小企業主、自営業者である。ちなみに、ニューリッチという言葉はしばしば聞こえてくるが、これは中間層というよりも、さらに上流に属する人々である。

リプセット仮説は次のような図式となる。まず、中間層は所得水準や社会的地位、教育水準、情報へのアクセス能力が高く、民主主義の理念や制度に接する機会が多いために、民主主義に対し強い親和性をもつ。産業化と都市化はこうした中間層の台頭をもたらす。そして、中間層は拡大する中で、やがて政治的自由と権利への要求を強め、民主化の担い手となる。彼らは政治上、理性的かつ穏健であり、民主化が成功した後に民主主義体制の安定を支えるというものである。

民主化研究では、この仮説を疑問視する声もあるが、いまもなお強い支持を得ている。たとえば、ハンチントンはアルゼンチン、ブラジル、フィリピン、スペイン、台湾、韓国など、民主化の「第三の波」に該当する諸国の事例を出して、地主、農民または労働者でなく、中間層が民主化の主な担い手であったことを力説している(『第三の波』)。彼が言うには、ポーランドの民主化は中間層でなく、自主労働組合の連帯が主導したために、例外であった。

中国・中間層の台頭

産業化、都市化の進展に伴って成長し、教育水準や情報アクセス能力が高い中間層が改革開放時代の中国でも厚みを増してきた。

一九九九年、中国社会科学院は社会学者を結集し、社会階層の変化に関するプロジェクトチームを発足させ、大規模な社会調査を行った。その集大成として公表されたのが、『当代中国社会階層研究報告』である。この報告書は職業分類をベースに、政治、経済、文化などの資源の占有状況から国家と社会の管理者、中間管理職、企業家、技術者、事務員、自営業者、商業従業員、産業労働者、農業労働者、無職などという一〇の大きな階層に分けたうえで、さらに社会的地位を「上層、中の上、中の中、中の下、下層」という五つの等級に分類した。

調査報告の結論は次のようなものであった。従来、中国社会はピラミッド型の構造であり、ごく少数が社会の上層におり、絶対多数は社会の下層にいた。改革開放時代に入ってからは農業労働者が大幅に減少し、産業労働者が急速に増えたほか、中間層、とくに新中間層が拡大し、人口に占める中間層のウェートは一九九九年には一五%に達した。その後も、中国経済は急速な成長を続けた。プロジェクトチームの代表者である陸学芸によると、人口に占める中間層の比率はおおよそ年平均一%の率で増え、二〇〇二年に一八%、二〇〇九年には全人口の二三%に達した。

教育水準は職業や所得、社会的地位や政治意識に重要な影響を与え、大学卒業は中間層入りの「入場券」と言われている。改革開放時代には、経済発展は人材の育成を要請し、経済力の拡大は教育に良い環境を提供するという循環が生まれた。大学新入生の募集規模は一九八〇年代初めの三〇万人弱から一九九七年の一〇〇万人台、二〇〇三年の三八二万人、二〇一〇年には六五七万人へと増加してきた。国際基準では、大学進学率一五%が高等教育のエリート化と大衆化を分ける目安となる。中国では、大学の進学率が二〇〇三年に一七%前後に達し、大衆教育の段階に突入した。

テレビ、ラジオのほか、携帯電話やインターネットも普及し、情報化が急速に進んでいる。先述のとおり、二〇一一年末現在、インターネットのユーザーは五億一三〇〇万人(三八・三%の普及率)に達した。そのうち、三億五六〇〇万人が携帯インターネットユーザー、二億五〇〇〇万人がミニブログ(中国版のツイッター)のユーザーでもある。とくに、インターネットによって、国内外の情報は迅速かつ大量に流れている。

政治意識の二面性

リプセット仮説を中国に応用できるかどうかについて、しばしば問題とされるのは、中間層の政治意識と政治行動である。というのは、中国の中間層の大多数は、民主主義に親和性をもちながらも、現状に一定の満足感を示し、保守的な安定化志向の一面をも覗かせているからである。数多くの調査データや研究が中間層のこの二面性を裏付けている。たとえば、園田茂人は『不平等国家　中国』で、独自の調査データの他に、「アジア・パラメーター」「世界価値観調査」のデータを駆使し、中間層の政治意識を紹介している。調査結果を確認しておこう。

まず、中国の中間層は民主主義との親和性をもっている。「世界価値観調査」によると、九六％が「民主主義体制」をよい政治体制と答えた。「アジア・パラメーター」では、七四％が民主主義体制は権威主義体制よりよいと答え、逆と答えたのは僅か五％に過ぎなかった。また、園田調査によると、中間層はマスメディアや地方政府に対し強い不信感をもつと同時に、政治的自由と権利の現状に不満を示した。六割強は政府批判の権利の不十分さ、五割弱が選挙権、四割弱は言論の自由に対し不満を示した。

他方、中間層の多くは権利の保障がいまだに不十分と考えながらも、改善が進んでいるということに対して満足感を示し、さらに社会秩序の安定を優先し、保守的な志向をも覗かせている。二〇〇二年の調査では、中国の回答者は政治と経済の現状に高い満足度を示した。具体的には、経済は九七％、言論の自由は八五％、結社の自由は七四％、平等は五七％、司法の独立は六一％、政府への影響力行使は三二％、政治改革は六七％が満足していると回答している。また、園田調査によると、七割以上の回答者はテクノクラシー（専門家による支配）を支持し、中央政府を信頼し、言論の自由への制限を容認している。また、政治参加に関しては、中間層は請願書の提出、ボイコット、デモなどの抗議型活動よりコネを活用する傾向が強い。

一九九〇年代初期までは、中国の知識人や市民、中間層の予備軍となる大学生たちは抜本的な政治改革を近代化の近道と考え、民主化運動を強く支持した。しかし、一九九〇年代半ば以降、中間層の規模が大きく拡大したにもかかわらず、民主化はいっこうに盛り上がりを見せない。たとえば、二〇一一年春、「中東の春」が発生した。海外にいる中国の反体制派活動家はインターネットを利用して、ジャスミン革命と称する民主化のデモを呼びかけた。しかし、参加者が少なく、不発に終わった。

この二面性をどのように考えればよいのだろうか。一つの説明は、中間層の多くがいまだに「発展は固い道理である」「安定が発展の大前提である」「民主化は時期尚早である」といった開発独裁の論理を受け入れているということである。論者の中にはこうした中間層の保守的な安定化志向や民主化運動の低調を根拠とし、いわば「中国・中間層異質論」「民主化の中国例外論」「中国の市場経済は民主主義をもたらさない」という主張すら提起している者も少なくない（ジェームズ・マン『危険な幻想』）。

発展途上にある中間層の未熟さ

リプセットは主として先進国を念頭に民主化の担い手としての中間層を強調した。中国の中間層は先進国のそれとは異なる状況にあり、未熟さを抱えているのは事実であろう。

まず、各国の経済発展の水準によって、中間層の規模と政治的影響力は異なってくる。大ざっぱにいうと、先進国の社会構造は、上層と下層が小さく、中間層が主流を占める「オリーブ型」である。中間層は社会の主流であるがゆえに、経済的影響力も政治的影響力も強く、自治能力が高い。それに対して、経済発展が遅れているほど、人口に占める中間層のウェートは小さく、政治的影響力も低くなる。中国などの新興経済国は経済発展する中で、中間層も徐々に台頭してくるが、人口に占めるウェートと政治的影響力は先進国のそれよりはるかに低い。

また、中間層は経済発展から大きな恩恵を受け、いわば上昇気流に乗った人々である。経済発展が続き、未来への展望が明るい限り、中間層は満足度が高い。かりに多少の不満をもっていても、全体として権威主義体制の崩壊とそれによる混乱を意味する民主化の支持へと踏み切ることができない。

ちなみに、社会的な上昇気流や政治権力への依存が中間層を保守化させる現象は、東南アジアの権威主義国家でも起きていた。たとえば、シンガポールは産業化と都市化が高い水準に達しているが、「〔中間層の〕多数派は政治的には保守的であるか政治的にアパシー〔無関心〕である」という（岩崎育夫編『アジアと市民社会』）。また、スハルト時代のインドネシアでは、「中間層の関心は社会正義、人権、民主主義といった抽象的な理想よりも個人の限られた利害（出世欲や物質的なライフスタイルなど）のほうに向いている」と指摘されたことがある（Richard Robinson, "The Middle Class and the Bourgeoisie in Indonesia"）。

最後に、中間層と下層との関係もまた先進国のそれと違う。先進国では、中間層は社会の主流をなし、下層が再分配政策、とくに社会保障から支援を受け、一定の生活水準を保つ。他方、中国などの新興国では、特権的な存在である上層は言うまでもなく、中間層と下層との間では、経済格差がいまだに大きい。階層間の亀裂や社会対立が大きく存在するために、上層は言うまでもなく、中間層も下層の急進化とそれによる混乱を恐れている。

中間層の政治参加と社会の改良

しかし、中国の中間層はいまだに未熟であっても、異質論はやや短絡的な見方である。先述のとおり、中間層は民主主義に親和性をもっている。一九七〇年代末の「北京の春」や一九八九年春の民主化運動が発生した際、大学生や知識人が運動の先頭に立ち、多くの市民も参加した。現段階では、中間層の安定化志向はあくまでも、中国の近代化が順調に進められるということを前提としている。その意味で、中間層は民主化の目標を捨てたというよりも、民主化へのアプローチを修正したと言うべきかもしれない。

もう少し具体的に述べよう。一九九〇年代初期まで、中間層は民主化を近代化の突破口と考えていた。しかし、その後、民主化に踏み切った旧ソ連・ロシアは巨大な混乱に陥る一方で、中国は急速な経済発展を実現した。その結果、中間層の多くは民主化の「軟着陸」、そしてその実現の条件としての経済発展や社会建設を重視し始めた。そして、民主化へのアプローチの修正に合わせて、中間層はその活動の重点を民主化運動への支持から政治の改良や市民社会の育成へと移し始めたと考えられる。

今日では、中間層主体の参加活動は経済的維権、環境の保護、コミュニティの自治、NGOの活動、公共政策の議論、ボランティア活動と多岐にわたっている。詳しくは次節に譲るが、ここで強調したいのは、中間層主体のこうした参加活動は必ずしも民主化を目指すものではないが、政治の進歩や市民社会の育成といった民主化を促す条件づくりにとって、きわめて望ましいということである。中間層と労働者や農民の参加活動を比較すれば、それは明らかである。

一つめは、参加の目的の違いである。第三章で述べたように、近年、農民や労働者などは政府や企業に対し経済的な維権活動を展開しているが、そこでの主張は、主として個人ないし自分たちの経済利益である。他方、中間層の多くは、個人の利益を守るために行動を起こすだけでなく、平等、正義、自由などの立場からも大衆の維権活動を支援したり、公共政策の転換、制度改革を主張したりしている。

たとえば、貧富の格差の拡大は弱者に不利であるが、中国では、格差を大きく問題視し、その是正を強く主張しているのは弱者自身というより、主として中間層やリベラルな知識人である。利害調整や分配の公平性に関わるという意味で、個人の利益もしばしば公共性を帯びる。しかし、個人の利益の主張ではなく、社会の立場から主張し、政治に参加することは公共性がいっそう強い。

二つめは、参加能力の違いである。政治や社会活動に参加し、その効果を上げるためには、時間、知識、資金、ネットワークといった資源が必要とされる。中間層は下層と比べれば、高い経済力を有するだけではない。法律や政策の知識が豊富で、情報収集と状況分析の能力が高く、メディアや政府関係者に人脈も多い。そのために、中間層は総じて参加の能力が高い。

三つめは、参加手段の違いである。労働者や農民は政府やマスメディアとのパイプが弱く、働きかける能力も限られている。そのために、権力や企業の専横に対し我慢の限界を超える時、しばしば生産や交通への妨害、暴動といった激しい手段を用いて、その不満や要求を政府にぶつける。貴州省の甕安事件(第三章第二節参照)などのように、社会に大きな衝撃を与える騒擾事件も時に発生する。それに対して、中間層は、司法救済の手段を活用したり、メディアや政府関係者に対して働きかけたりする能力が高いだけに、平和的な手段で問題の解決や政策の改善を要求する傾向が強い。

将来的な成熟化の可能性

発展途上にある中間層の弱点は条件次第では克服が可能なものである。今後、中国経済が発展し、豊かな中間層が人口に占めるウェートが高まり、貧しい人口が減るにしたがい、経済の平等度や社会の均質性、自治能力が高くなる。さらに、国としてセーフティネットを整備し、弱者を支援する財政能力が向上していく。貧富の格差が大きい状況下で、民主化による大混乱が現在の豊かな生活を台無しにするといった不安を中間層が抱えているとするならば、社会全体が落ち着いてくると、その不安は大幅に緩和されるであろう。

より多くの人々が発展の果実を手に入れ、中間層の仲間入りを果たす時、豊かさはもはや一部の人の特権でなくなり、社会全体に定着してくる。そのような段階に入ると、中間層は豊かな生活を当たり前のように思い、次の目標を政治的自由と権利の拡大へと移すことになるであろう。

リプセットは、経済が発展するにつれて、中間層の規模も政治的影響力も増大し、民主化への要求が高まってくることを指摘した。ただ、何を基準に成長の度合いを測るか、中間層がど

表 5-1　経済発展の各段階と中間層の成熟度

	初期段階	工業化段階	高度産業化段階
中間層の厚さ	薄　い	拡大傾向	厚　い
国家の関与	強　い	弱まる	弱　い
個人の自立	低　い	高まる	高　い
政治志向	発展・安定最優先	価値の多様化	民主化重視
参加の動機	個人の利益	公共問題	民主化
参加の能力	コ　ネ	小規模な動員	大規模な動員

こまで成熟化すると、民主化が転換点を迎え、そして成功できるかについては論じなかった。表5-1は大ざっぱであるが、層の厚さ、国家に対する自立性、価値観のバランスなどを指標とし、経済近代化の三段階に分けて中間層の成熟化の見取り図を示している。

中間層の成熟度は民主化の環境づくりの一環として、民主化のシナリオとも密接な関わりをもつ。通常、中間層は社会的混乱を嫌い、安定化志向が強い。しかし、社会が停滞し、場合によって危機的状況に陥り、政治的閉塞感が生じる時、中間層は十分に成熟していなくても民主化支持に動く例も多い。この場合、民主化の主な目的は危機打開や経済発展であり、中間層の行動は「追い込まれた民主化」への支持となる。フィリピンのピープル・パワー（一九八六年）、中国の天安門事件（一九八九年）やインドネシアの民主化（一九九八年）はその例である。

他方、経済発展が実現し、社会が成熟する場合、政治的自由と権利の拡大は民主化の主目的となり、中間層は「自覚した民主化」への支持に動く可能性が高い。韓国や台湾はその例となる。総じていえば、「追い込まれた民主化」より、「自覚した民主化」のほうが成功の確率は高く、民主化による混乱も比較的小さい。

ブルジョアへの期待と失望

ヨーロッパはブルジョア革命によって議会政治を確立した。バリントン・ムーアは『独裁と民主政治の社会的起源』の中で、「活発で独立した都市住民階級こそが、議会制民主主義の成長にとって不可欠の要素である」「ブルジョワがいなければデモクラシーもない」と述べている。

中国は市場経済化の改革を進めた結果、企業家が増えてきている。一部の関係者は歴史的経験から、民主化の担い手として台頭しつつある中国のブルジョアに期待を寄せた。しかし、中間層待望論と同じように、ブルジョア待望論もまた失望論に変わってきている。中国研究者の菱田雅晴は早くも、「そもそも官僚層にその経済的成功を依存する企業家なる存在自体、通常の「市民社会」論の範疇から逸脱するものであり、ましてや歴史的役割としてのブルジョワジーでもない」と述べている(毛里和子編『現代中国の構造変動――大国中国への視座』)。

ブルジョアへの失望は恐らく次のような背景で生じている。第一に、中国では、政府が近代

表 5-2 全人代代表・政協委員・全国工商連執行委員に占める企業家

	全人代代表		全国政治協商会議委員			全国工商業聯合会執行委員	
	人数	割合(%)	人数	割合(%)		人数	割合(%)
8期	8	0.268	23	1.09	7期	170	51.5
9期	48	1.61	46	2.09	8期	183	51.1
10期	200	6.70	65	2.86	9期	233	56.5

出所：陳家喜『改革期中国民営企業家的政治影響』重慶出版社，2007年

化のプロセスを主導し、さまざまな手法で経済や社会の活動に強く介入している。中国政府は経済発展を国家目標に掲げ、民間企業を発展させるために、おおむね経営者寄りの政策を実行してきた。他方、企業家はその経済的な成功が中間層以上に政治権力、国家に依存している。中国政治の専門家ブルース・ディクソンの言葉を借りれば、企業家と党国家はライバルでなく、パートナーである(Dickson, *Red Capitalists in China*)。

第二に、利害関係が一致する中で、中国政府は企業家を新階層と称し、抱き込み戦略を進めている。たとえば、各級政府は従来以上に企業家を人民代表、政治協商会議委員、工商業聯合会に積極的に登用している(表5-2)。また、江沢民は「三つの代表論」を提起し、企業家の入党を認めるようになった。他方、企業家は政治への関心をビジネスの環境改善や経済権益の保護に集中させ、人民代表や政治協商会議委員のポスト獲得や政府や役人とのパイプづくりに熱心である。

第三に、役人と企業の癒着や結託である。中国の行政の特徴

の一つは、役人が幅広い裁量権を有するということである。税務局、工商行政管理局、品質監督局、警察局の職員や幹部、そして役所に対する指揮命令権限をそなえた地方指導者は、企業の経営活動に影響を与える力をもっている。企業家は関係の役人に賄賂を支払い、役人は土地開発、融資、税金の支払い、環境規制の執行などで企業に便宜を提供する。こうした政治腐敗に対し、中国政府は取り締まりを行っているが、歯止めがかけられていない。

第四に、強い国家権力を前に、企業家の自立性は中間層よりも弱い。なぜならば、民主化への支持などで政府を敵に回すと、政府は経済的な違法行為を取り締まる名目で民間企業を潰しにかかってくるからである。中間層の場合、少数ではあるが、欧米型民主化を主張し続けている人たちがいる。他方、公に民主化を支持する企業家はほとんどいない。

要するに現段階の中国では、ブルジョアと政府との利益はおおむね一致し、また、ブルジョアのほうが国家に大きく依存している。こうした現状を見る限り、民主化に関するブルジョア失望論にはそれなりの根拠がある。

しかし、現状がこのまま固定されることも考えにくいであろう。改革開放の初期段階では、民間経済の力がきわめて弱かったため、市場メカニズムの導入や経済近代化の推進は強い国家の存在や経済活動への政府の介入を必要とした。今日では、民間経済は一定の力を蓄えている。今後、市場経済化がいっそう進展し、民間企業がさらに力を付けてくる場合、経済活動への政府の介入は民間企業の更なる発展を妨げる可能性が大きくなる。それは、権威主義体制と民間企業との利害関係が一致から対立へと発展することを意味するであろう。

2　市民社会の活動

毛沢東時代には、国家はさまざまな統制手段、場合によって政治的弾圧を用いて、個人や社会を完全に制圧していた。改革開放の時代では、単位社会が弱体化し、緩やかな自由化が進む中で、国家に対する社会の自立性が徐々に向上している。ここでは、中間層、とくにリベラルな知識人がいかに政治の改良や市民社会の建設に取り組んでいるかをみてみよう。

「公共知識人」と「準公共圏」

ハーバーマスは「公共圏」を政治権力や経済権力から独立し、市民が自由かつ平等に議論する場として定義した。このような公共圏は権力との緊張関係を持ちながら、独自の世論を形成し、民主主義の実現につながっていくものとされている。

中国では、自由化が進む中で、公共問題を議論し、世論の形成や政府の政策に影響を与えようとする場が出現した。ただ、現段階では、そこでの議題の設定や討議の自由度は政府からさまざまな制約を受けている。ここでは、欧米各国のそれと区別するために、中国の公共圏を「準公共圏」「半公共圏」と表現しよう。

マスメディアは準公共圏の一つである。近年、テレビやラジオの番組に出演し、新聞や雑誌のインタビューを引き受け、コラムをもつ学者や専門家が増えている。彼らは時事問題や内外政策について解説し、公共問題に関して深みのある分析、論点を提起することによって、世論の形成に関し影響力を拡大している。

インターネットでの発言の自由度は伝統メディアのそれをはるかに超えている。劉暁波（二〇一〇年度ノーベル平和賞受賞者）は二〇〇二年にある論文を発表し、こう述べている。「既存の政治体制の下で、インターネットは民間が当局の言論規制を突破し、民間の言論空間を拡大する最大の拠りどころとなっている。……民間はインターネットの活用によって、公共問題への参加を迅速に拡大させ、各種の社会問題、公的人物および政府の活動に影響を与えている」。彼は「〇八憲章」の作成と署名運動の組織で逮捕されるまで、中国で当局の監視を受けながら、インターネットなどを通じて民主化を主張し続けただけに、その言葉は説得力が高い。

中国では、政府寄りの御用学者はいまだに多い。他方、マスメディアやインターネットを言動の空間として利用し、政府から独立して、民衆や社会の立場から主張を展開する学者や専門家が増えている。メディアは彼らを「公共知識人」（『南方人物週刊』第七号、二〇〇五年）と評価している。後述する賀衛方・北京大学法学教授らは法の正義を訴え、自由化、民主化を主張し続け、「公共知識人」の代表者の一人である。「公共知識人」の活躍は世論の形成、社会事件の処理、公共政策の決定、さらには制度改革に一定の影響を与えている。

人権弁護士と公益訴訟

人権弁護士は法的な専門知識と経験をもち、公益の立場から被害者の弁護活動を展開する人々である。彼らは既存の法的な枠組みを前提としながら、政策決定者に圧力を加え、顧客の利益と権利を最大限に実現すると同時に、より大きな目標を達成しようとする法律家であり、日本の人権派弁護士と共通するところもある。

人権弁護士は穏健派と急進派に分けられる。穏健派はどちらかというと、政府が嫌がる敏感な政治事件より、経済利益や社会問題に関わる訴訟事件を選ぶ傾向が強い。消費者の権利、差別の是正はそのような分野である。政府による制限が少なく、世論の関心が強いために、事件はマスメディアによって大きく取り上げられ、ホットな議論を呼び起こすこともある。

たとえば、二〇〇一年の春節期間中に、鉄道当局は公聴会開催の手続きを踏まずに、大幅な料金値上げ(二〇~三〇%)を断行した。弁護士である喬占祥は物価法を根拠に行政不服を申し立て、却下された後に行政訴訟を起こした。敗訴したものの、マスメディアはそれを大きく報道し、世論の関心を大いに喚起した。二〇〇一年八月、国務院国家発展計画委員会は公共料金の設定に関する公聴会運営の細則を決めることになった。

二〇〇九年、重慶市はマフィア組織に対する摘発のキャンペーンを展開した。その過程で、当局は拷問などで容疑者から自白を強制したりしていた。北京の弁護士の李庄はマフィアのボスとされた容疑者の弁護人を務めていたが、重慶当局は被告に偽りの証言を教唆した罪で李庄を逮捕し、一年半の実刑判決を下した。リベラルな知識人や弁護士は重慶当局の強引な手法を、法に基づく適正手続きに違反し「強権政治」への逆戻りだとして反発し、李庄弁護団を結成した。事件をきっかけに、法治の行方や弁護士の地位をめぐる激しい論争がいまでも続けられている。また、刑期満了を迎える二〇一一年に、重慶司法当局は李庄の「余罪」を調べようとしたが、弁護士の努力や世論からの強い反発を前に断念せざるをえなかった。

他方、「急進派」人権弁護士は顧客の利益を守ろうとするだけでなく、市民社会の建設や憲政の実現によって政治体制を変えるという長期的な目標をもつ。彼らは五つの団体（農民協会、労働組合、教会、商会、社会団体）や反体制活動家に関わる敏感な案件の弁護人を引き受け、裁判で政府に法の順守を要求し、政策と法体制の改革を提起する（*The China Journal*, No. 59, January, 2008）。「急進派」人権弁護士にはリベラルな知識人や反体制活動家が多い。後述する「公盟」もその一例である。

市民社会論とNGO

近年、民主化との関連から市民団体や住民組織、教会など市民社会の役割に着目することが多い。ポーランドで自主労働組合「連帯」や教会組織が民主化に大きな役割を果たしてから、国家から自立した民間組織が民主化の担い手として捉えられている。

一九九〇年代半ばまでの中国では、社会団体はほとんどが官製であり、政府も民間もNGOとは何かをほとんど知らなかった。一九九五年、世界女性大会が北京で開催され、数多くの外国NGOがそれに参加した。それは中国政府や民間社会がNGOを認知する重要なきっかけとなった。ただ、中国政府は、NGOが社会の運営や公共サービスの提供で大きな役割を果たしうると認識しながらも、政治的な警戒心から引き続きNGOの設置と活動を厳しく制限している。

関連法令によると、社会団体の設置の際には必ず主管機関を通して民政部門に申請し、その活動は主管機関の管理・監督を受けなければならない。現在、各級政府の民政部門に登録した社会団体は四五万、届けを出した社会団体は二五万に達している。そのうち、六万強は業界団体で、二〇〇〇万社以上の企業がそれを構成している。また、四万強は学会で五〇〇万人以上の専門家、学者をカバーしている(賈西津「官方NGO路向何方」『財経』二〇一一年九月)。こうした社会団体はほとんどが官製ＮＧＯであるか、または官製の色を強く帯びたＮＧＯである。政府機関とのパイプや信頼関係をもたない限り、民間団体の設立はなかなか認められない。そのために、民間団体の大多数は企業法人として登録し、または正式な登録をせず活動している。中国では、独立した民間団体は「草の根」ＮＧＯとも呼ばれている。専門家によると、未登録のものを入れると、「草の根」ＮＧＯの数は官製、準官製ＮＧＯのそれをはるかに超えている。

中国政府は「草の根」ＮＧＯに対し、登録を認めないが、基本的に干渉も取り締まりもしないという「三つの不」の方針を採っている。「草の根」ＮＧＯのほとんどは同好会や公益、自治の組織であり、政府から見ても望ましい活動を展開しているということであろう。かといって、一旦登録を認め、結社の自由が拡大すると、「草の根」ＮＧＯは反体制活動家に利用される恐れがある。そう考える政府にとって、登録を認めないほうが、反体制活動の取り締まりが容易である。

ＮＧＯの活動実態

ＮＧＯは反体制活動と関わりを持たない場合、比較的自由に活動している。たとえば、「自然之友」は環境保護団体であり、約九〇〇〇人の会員をもつ。設立者の梁従誡（梁啓超が祖父、建築家の梁思誠が父)が著名な学者ということもあり、「自然之友」は財務、人事、行政面に関し政府の干渉を受けず、独自に環境保護活動を展開している。

民間企業主導の経済発展が知られた温州市では、業界団体は人事や財務の自主性が高く、業界内の自治活動を展開すると同時に、経営面で行政に対し積極的な働きかけを行っている(黄媚博士論文、未発表)。また、温州商人は全国各地で商売を展開し、行商先で温州同窓会をつくり、地元政府に対し陳情活動を展開している。

NGOが大胆な政治活動を展開すると、政府の干渉を招く。リベラルな知識人たちが発起人となる天則経済研究所は、「天則双周学術討論会」の主催者としても知られる。この討論会はホットな時事問題をテーマとし、専門家や学者をゲストの講師に招く。報告後に自由討論の時間があり、過激な意見もしばしば出る。オープンな研究会であるために、外国のメディア関係者もよく討論会に出席する。政府はこの研究所の活動を警戒し、再登録の拒否などで政治的圧力をかけたりするという。

近年、中国政府はNGOの設置と活動に対し時折、規制緩和の動きを見せている。たとえば、広東省の東莞市では、慈善団体の「千分の一公益協会」(「収入の千分の一で人を助ける」という意味)が貧困学生の教育を支援し続けてきたが、民政局は名称が人々に強制募金の印象を与えかねないという理由で、七年間にわたって団体登録を拒否した。その後、マスメディアの報道をきっかけに、汪洋・中央政治局委員兼広東省党書記が民政局の姿勢を批判し、広東省と広州市は二〇一一年に社会団体登録の手続きを次のように緩和した。

これまでは一業界につき一団体という規制があったが、これからは政府の補助を受けていなければ複数の業界団体の設立が認められる。また、これまでは政府機関の承認を得てから民政局に団体設立の申請を行うが、社会サービス、経済、科学技術、スポーツ、文化の分野では、直接、民政局に登録を申請することができる。そのほか、民政局は審査の手続きを簡素化し、許可までの時間を短縮した。ちなみに、NGOの登録に関する広東省の新方針は国務院民政部の許可を得ており、全国的に見れば実験的な導入と位置付けることができる。

しかし、自由化のスピードは遅く、また一直線ではなかった。近年、集団抗議活動が頻発化し、NGOがそれへの支援活動を展開することもある中で、中国政府はNGOや市民社会に対し警戒心を強めている。たとえば、中国政府はしばしば税務調査や脱税摘発の名目で、リベラルな知識人や反体制活動家が運営しているNGOに政治的圧力を加え、場合によって法人資格を剝奪している。

周本順・中央政法委員会秘書長は市民社会を西側諸国が設計した落し穴と捉え、次のような対策を提示した。中国では、党委と政府は公共サービスの提供を社会団体に任せるのではなく、自ら行うべきである。また、「草の根」NGOの発展ではなく、官製団体の発展と改革に力を入れるべきである。そして、NGO、NPOの管理を強化し、党委と政府が主導する社会管理システムに組み入れるべきである、という対策である(『求是』二〇一一年五月号)。

知識人の独立性の向上

毛沢東時代には、知識人のほとんどは体制側の立場を強いられていた。中国政府が知識人の政治批判を反共産党政権、反社会主義と決め付けると、その知識人はたちまち社会からも孤立させられた。自分の信念を最後まで貫いた気骨ある知識人もいたが、大多数の知識人は巨大な政治的圧力に耐えきれず、自己批判を行って、当局に「降伏」を宣言した。

改革開放時代の現在では、政治の圧力に屈せず、批判精神を貫こうとする知識人が増えている。そして、知識人が弾圧されればされるほど、国内外からの支持が高まるという現象が起きている。近年、中国政府はリベラルな知識人を民主化の英雄に仕立てるという逆効果を避けるために、名指しした批判を控えざるをえなくなっている。また、幹部たちは立場上、表現の自由を抑圧する側に属するが、仕事から離れると、一個人として自由化の支持者になることも多い。

毛沢東時代とは異なり、改革開放の時代に入ってからは、リベラルな知識人ははっきりと体制そのものの批判や欧米型民主化の主張を展開している。ここでは、リベラルな知識人が参加する二つの会議を取り上げたい。

まずは、青島の改憲シンポジウムである。二〇〇三年、党中央は私有財産の保護強化や「三つの代表論」の入憲(条項を憲法に取り入れること)を中心に、憲法改正に向けて検討を始めた。同年六月下旬、「北京思源社会科学研究センター」と青島大学法学院は青島市で中国憲政討論会を共催した。四十数名の参加者のほとんどが改革派の元幹部、知識人および反体制派の活動家であった。シンポジウムは私有財産の保護、普通選挙の導入、軍隊の国家化など、かなり急進的な主張を展開した。反体制活動家の曹思源は主催者の一人として「憲法改正に関する一〇項目の提案」を発表し、改革の中期目標として、党の指導を定める憲法前文の削除、直接選挙の導入、新聞・言論・出版・結社・信教の自由の保障などを主張した。

もう一つの例は、二〇〇六年三月、中国経済体制改革研究会が有名なリベラルな知識人を招いて開催した西山会議である。保守派の言動を批判し、体制改革の更なる推進を主張することが会議全体の流れであった。とくに、賀衛方・北京大学教授は、「民主主義国家では、政党は団体登録を行わなければならないが、中国共産党は登録していないにもかかわらず、絶大な権力を振るっている」「憲法三五条の政治的権利、とくに、結社の自由、デモ・示威の自由、宗教の自由などはあまり守られていない」「司法の独立が確立されていない。近年、司法に対する党の介入が増えている」「複数政党制、新聞の自由、個人の自由、(民主化の)台湾モデルなどに関する議論は許されていないが、中国は将来的に必ずやその道を歩んでゆく」「共産党は二つの派閥に分かれてほしい。軍隊は国家の軍隊に変わるべき」と述べ、激しい政治批判や欧米型民主化の主張を展開した。

自由は闘って勝ち取るものである。当局の弾圧をあまり恐れると、結局何も発言できなくなる。どこまで発言の自由があるかを知るには、まず発言することが重要である。改革開放時代に入り、自由の言動空間をめぐる闘いが繰り広げられる中で、数多くの弾圧事件が発生している。しかし、長いスパンから見ると、リベラルな知識人は内外世論の支持を武器に徐々に政治のタブー(禁区)を突破し、自由の枠を広げてきている。知識人が独立の精神を強めることは自由化拡大への大きな要因の一つである。

人民代表選挙と独立候補者

第二章で述べたように、中国では、県と県以下の人民代表は直接選挙で選ばれるが、その正式な候補者は、選挙民が第一次候補者を推薦したうえで、選挙民の協議によって決められている。協議の方法や過程は当局が主導するために、官製候補が多い。他方、まだ少数の例に止まっているが、独自に有権者の推薦を集め、進んで立候補する人々もいる。推薦による官製候補者と区別するために、彼らは「独立候補者」と呼ばれている。

独立候補者は主として次の二種類である。一つは、選挙活動によって有権者に民主主義の啓蒙教育を行い、少しでも民主化の声を発しようとするリベラルな知識人や反体制活動家である。もう一つは、「官製」人民代表の活動に対し不満をもち、市民の声を人民代表大会に届けたい中間層の人々である。いずれの場合も、独立候補者、とくに反体制活動家の立候補は政治批判を意味し、選挙活動そのものが下からの民主化要求となる。

他方、中国政府は政治体制を維持する立場から、さまざまな手段を用いて独立候補者やその支持者に対し政治的圧力をかけ、有権者を説得し、反体制活動家の当選の阻止に動いた。また、有権者といえば、人民代表大会を飾り物と考え、そもそも関心が薄い。こうした不利な状況下で、独立候補者の当選は難しい。やや例外となるのは、都市部の、とくに知識人が多い大学選挙区である。有権者の政治意識が高いからである。たとえば、一九八〇年の人民代表選挙で、リベラルな大学生たちが立候補し、政治批判などで選挙を盛り上げた。そのうち、現役の大学院生である胡平(現在、在米反体制活動家)は北京大学の選挙区で当選を果たした。

近年、自由化が進み、中間層が台頭してくる中で、民主化推進を目的とするリベラルな知識人や反体制活動家、民衆の声を政府に届けたい中間層出身者の立候補が増えている。二〇〇三年五月に行われた深圳市福田区の人民代表選挙で、四名の独立候補者が立候補した。そのうち、留学の経験を持ち、専門学校の校長を務めている王亮が当選した。北京では、中国郵電大学専任講師の許志永が当選し、二〇〇六年に再選を果たした。後述するように、彼は人権弁護士でもあり、NGOを結成し、精力的に維権活動に取り組んでいる。

二〇一一年、人民代表選挙が各地で行われ、独立候補者は一〇〇名を超えた。その中には李承鵬(作家)、喬木(学者)なども含まれる。さらに、独立候補者やその支持者達がミニブログやインターネットで立候補の動機や抱負を語り、大いに世論の注目を集めた。それに危機感を深める当局は、競争政治が中国に分裂をもたらすことや独立候補者が法律に反することを理由に、警告を発した。

他方、リベラルな知識人は国民の権利を理由に譲らず、独立候補者の是非をめぐる政治論争が展開された。論争で劣勢を強いられた当局は方針を変え、メディアやインターネット規制の強化によって独立候補者に関する情報や議論を封じ込めると同時に、現場の選挙工作によって独立候補者の当選の阻止に動いた。政府の強い妨害を前に、ほとんどの独立候補者は正式な候補者にすら選ばれなかった。

もともと、独立候補者は苦戦や落選を十分に覚悟しており、立候補の意義を当選ではなく選挙活動での訴えにあるとする。喬木・北京外国語大学准教授は落選した直後に、ミニブログで選挙記を発表し、立候補の動機、選挙活動、当局の妨害活動を紹介したうえで、教師や大学生の多くが今回の選挙に従来以上に強い関心を示し、選挙活動によって公民教育の目的を達成したことを強調した。

公正な選挙は民主主義の根幹である。今後、公正な選挙をめぐる民主化勢力と中国政府との闘いが繰り広げられるであろう。

3　低調期の民主化戦略

民主化運動は高揚期と低調期に分けられる。中国の民主化運動は一九八〇年代にいくつかの動員局面、つまり高揚期を経験したが、一九九〇年代以降長い低調期を迎えている。リベラルな知識人たちは維権活動を展開し、自由な言動空間をめぐって政府との熾烈な闘いを繰り広げているが、これから民主化運動をどのように導くことができるのであろうか。

「北京の春」と一九八九年の民主化運動

毛沢東時代には、中国は外国の情報を遮断し、官製メディアはもっぱら資本主義国家の問題を暴露し、社会主義の優越性を称えていた。他方、改革開放時代に入り、西側の情報が入ると、知識人を中心に人々は、欧米先進国が社会主義国家よりも科学技術のレベル、生活の豊かさ、社会福祉の充実、政治的自由と権利の保障といった点ではるかに進んでいると知ることになった。その結果、社会主義のイデオロギーと現実に対する幻滅感が広がったことは言うまでもなく、市場化と民主化を目指す動きが活発化した。

一九七八年秋前後、文革など失政への批判や上層部の権力闘争による政治空白を背景として、リベラルな青年たちが『四五論壇』や『探索』などの民間雑誌を発行し、「民主の壁」と言われる北京の繁華街である西単に壁新聞を張り出し、政治批判や自由化の要求を行った。中国政府が主張した「四つの近代化」(工業、農業、科学技術、国防)、つまり経済の近代化に対し、反体制活動家の魏京生は政治的民主化を「第五の近代化」として提起した。こうした自由化の要求は「プラハの春」にちなんで「北京の春」と呼ばれ、現代中国の民主化運動の幕開けになった。しかし、鄧小平が一九七八年末の一一期三中全会で主導権を握ると、秘密情報漏洩罪で魏京生を逮捕し、取り締まりの強化によって「北京の春」を弾圧した。

一九八六年夏前後から、趙紫陽は鄧小平の支持を得て、第一三回党大会に向け政治改革案の作成に取り組み始めた。政治改革に関する議論が高まる中で、中部の安徽省にある中国科学技術大学の学生たちは一九八六年一二月にデモを開始し、政治改革を求めた。民主化を求めるデモはすぐさま北京、上海などの都市に広がった。一九八七年一月一六日、中央政治局拡大会議では、鄧小平らの長老グループや保守派が胡耀邦を総書記の辞任に追い込んだ。さらに、保守派は民主化運動の発生の原因を改革開放路線に求め、ブルジョア自由化を批判すると同時に、経済改革をも攻撃し始めた。

リベラルな知識人や大学生たちにとって、保守派により総書記の辞任に追い込まれた胡耀邦は党内改革者のシンボルであった。一九八九年四月一五日、物価の高騰や改革の停滞にくわえ、政治的な閉塞感が漂う中で、胡耀邦が死去した。北京の大学生は追悼集会の形で胡耀邦の名誉回復を求め、大胆な政治改革の断行を要求した。その直後、民主化要求のデモが発生した。しかも短い間に、デモの参加者は北京だけで数万人、数十万、数百万人以上へと膨れ上がり、そして全国主要都市に広がった。物価高騰に苦しめられた市民が民主化運動に合流したからである。

デモへの対応策をめぐって、中国政府は大きく分裂した。趙紫陽総書記は学生との対話による解決を主張したが、鄧小平はデモを動乱と位置付け、強硬策を主張した。強硬派主導の中国政府は形の上で学生との対話に応じたが、実質的な譲歩を拒否した。他方、民主化運動側も急進派が主導した。五月中旬、ゴルバチョフが訪中し、歴史的な中ソ和解を行う予定であったために、大勢の外国人記者が北京に集まっていた。学生たちはこの機会を捉えて、天安門広場を占拠し、ハンストを断行し、中国政府から譲歩を引き出そうとした。それに対し、中国政府は五月中旬に戒厳令を導入し、六月四日に武力弾圧に踏み切り、民主化運動を力で鎮圧した。

民主化運動の高揚期と低調期

民主化運動のプロセスは高揚期と低調期をくりかえす。高揚期には、民主化勢力は大衆的な参加を得て運動の盛り上がりの力で旧体制に民主化要求の受け入れを迫る。それは言わば体制の選択をめぐって、新旧勢力が直接対決する局面である。しかし、長い闘いの中では、民主化が高揚するのは限られた場面にしか過ぎない。権威主義政権は日常的に社会統制、情報規制および暴力装置などを合わせて民主化運動を抑圧するからである。

厳しい政治弾圧を前に、民主化勢力は自己保存を図るために、しばしば「現実路線」を強いられる。その結果、低調期には、民主化勢力は既存の法体系を活用して民主化の言動の合法性を強調すると同時に、社会改良や大衆利益の擁護を当面の目標に掲げ、大衆への啓蒙活動やネットワークの構築に取り組む。

民主化運動の持続と将来的な拡大といった視点から考えると、こうした低調期の取り組みもきわめて重要である。強い信念を貫き、リスクを恐れず民主化運動にエネルギーと情熱を注ぐ活動家たちは人数的に限られてくる。広範な大衆は民主化よりも、経済的利益、社会的要求の実現に強い関心をもつ。政治意識の啓蒙、ネットワークの構築といった地道な活動は、大衆的な不満や要求を民主化運動への支持に向かわせるカギとなる。

言い換えれば、民主化運動は、民主化を最終目標とする政治闘争、経済闘争、社会運動から構成される。経済闘争と社会運動の目標は必ずしも民主化ではないが、民主化勢力に動員される結果として民主化運動に合流し、その盛り上がりに貢献することが多い。また、民衆は経済的利益を実現するために、政治的要求を提起することもありうる。かつて、政治学者のラストウは民主化を紛争解決の手段として捉えた。その見方は中国の民主化要求に適合するところが多い。

維権運動と低調期の民主化戦略

一九八九年以降、中国の民主化運動は長い低調期を経験しているが、それはなぜであろうか。まず、「安定はすべてを圧倒する」という基本方針の下で、中国政府が厳しい取り締まりを行っているからである。強力かつ抑圧的な国家権力を前に、多くの人々は政治的無力さを強く感じている。

また、鄧小平の南方講話以降、経済の自由化と経済発展が一段と加速した結果、国民生活の改善は言うまでもなく、エリートの道が政治（役人）からビジネス、言論界などへと大きく広がった。さらに、旧ソ連・ロシアは急進的な政治改革、民主化を進めたものの、国家の解体、政治の混乱、経済の破綻と秩序の崩壊といった破滅的な結果を招き、その教訓が人々の安定化志向を大きく助長している。

他方、市場経済化、グローバル化、情報化、価値の多様化が進む中で、人々の政治意識も徐々に高まり、政府に権利の保障と拡大を下から訴え、国家などの権利侵害から自らの利益を守ろうとしている。維権運動は消費者の権利主張に止まらず、財産権、弱者保護、環境保護、公共サービスの受給および政治的権利へと拡大していった。それに対して、中国政府は「合法的な権益」(合法権益)の保護をくりかえし強調し、経済社会的な権利の拡大に積極的な姿勢を示している。さらにそれだけでなく、一党支配体制の維持、政治社会の安定を前提に、政治的自由と権利の緩やかな拡大を認めている。

こうした状況下で、維権運動は低調期にある民主化運動の現実路線の柱ともなる。まず、広汎な大衆にとっては維権運動に参加する目的は民主化というより、経済社会的な権利の保障と拡大である。しかし、民主化勢力にとって、大衆主体の経済的維権運動は民主化運動と経済闘争、社会運動の三つを結び付ける結節点となる。第一に、維権運動の成果は、当事者の利益が保護されるだけでなく、政策の是正や制度改革につながり、社会や政治の改良、自由の拡大に寄与する。第二に、深刻な経済社会問題が国家の性格や政治体制と密接な関わりをもつ以上、経済的維権運動は体制の不正を暴き、大衆の不満を現体制に向かわせることができる。第三に、経済的維権運動の支援によってネットワークを構築することができる。

さらに、政治的自由と権利の保障を求める闘い、つまり政治的維権は民主化運動そのものである。一九八九年の天安門事件以降、民主化勢力は大衆的な力を結集してデモなどの激しい闘争手段で民主化を要求することはできなかったが、政治批判、体制批判を引き続き展開し、政治的自由と権利の拡大を訴え、大衆との連携を強めようとしている。中国政府は民主化勢力のこうした言動を国家転覆の危険行為と決めつけ、弾圧を行っている。そこで、民主化勢力は憲法の関連規定および人権や民主主義に関する中国政府の公式見解を根拠に、政治的自由と権利の回復、保障を求めている。

維権への支援活動と「公盟」の例

大衆主体の経済的維権への支援活動に熱心だったのは、人権弁護士、公共知識人そして「草の根」NGOである。彼らすべてが反体制活動家とは限らないが、その多くが維権への支援活動によって、当事者の利益を守ると同時に、社会全体の権利意識を高め、制度の改善を実現しようとしている。ここで、「民間維権運動元年」と言われる二〇〇三年の主な出来事をふりかえりながら、NGOの一つである「公盟」の活動を通してこの点を見ておきたい。

二〇〇三年三月、湖北省出身の孫志剛は身分証明書を所持していなかったために、広州市の警察によって連行された。その後、孫志剛は収容所で管理人の暴行を受けて死亡した。四月二五日付けの『南方都市報』がこの事件を報道すると、世論は浮浪者の収容・本籍地の送還に関する国務院の条例を時代遅れの悪法と厳しく批判した。その中で、北京大学大学院博士課程に在籍し、法学専攻の許志永、藤彪、兪江の三人は「立法法」の規定を根拠とし、全人代に国務院の条例の違憲審査を申し入れた。国務院は六月一八日に条例を廃止した。

孫志剛事件のほか、二〇〇三年春にはSARS事件が発生した。当初、地方政府は人心の動揺や経済への悪影響を避けるために、感染拡大の事実を隠した。しかし、SARSが広がり、国内外で批判が強まる中で、中国政府は情報公開に踏み切らざるをえなかった。SARS事件以降、政府の記者会見制度、情報公開条例、「問責制」(役人の不当な行動に対する責任追及制度)を整備し、「突発事件」に関する報道体制を強化するようになった。

孫志剛事件で一躍有名になった許志永、藤彪、兪江の三人は同年一〇月、張星水弁護士と一緒に発起人となり、「陽光憲道社会科学研究センター」を設立し、企業法人として工商行政管理局に登録した。NPO、NGOとしての登録が難しいからである。二〇〇四年、北京大学のネット掲示板である「一塌糊塗」は当局の命令によって閉鎖され、許志永らがそれに対し抗議活動を展開したために、工商行政管理局は「陽光憲道社会科学研究センター」に対し企業法人の登録抹消を告げた。二〇〇五年五月、許志永らは同センターを「公盟」(その正式名は北京公盟諮詢有限公司)に変えて、工商行政管理局に登録した。

公盟は社会的反響が大きい事件を選んで、維権の支援活動を展開した。たとえば、『南方都市報』編集長が収賄容疑で、また人権弁護士の陳光誠が強制妊娠中絶の調査や暴露活動で逮捕された。公盟は救援活動に参加し、政府に彼らの釈放を求めた。さらに、二〇〇七年末、著名な人権活動家である胡佳が政権を転覆しようとする理由で逮捕された。許志永は胡錦濤への公開書簡を公表して、胡佳を忠誠無私の志願者、善良かつ勇敢な中国人と讃え、彼の釈放を求めた。また、「三鹿集団」の粉ミルクに有害物質メラミンが混入され、数多くの乳幼児に健康被害を与えることが明るみに出た時、公盟は当局の圧力を押しのけ、「三鹿集団」に対する集団訴訟を組織することに成功した。

また、公盟はさまざまな支援活動によって関係者の政治意識を啓発し、活動のノウハウを伝授すると同時に、活動のネットワークを広げようとした。たとえば、上級機関への陳情活動はなかなか結果が出ず、また、陳情者がしばしば地方政府の抑圧を受ける。二〇〇九年、公盟は法律知識研修コースを主催し、リベラルな知識人、人権活動家たちを講師に招いて、維権や選挙に関する知識、経験、ノウハウを講義した。参加者はほとんどが維権活動に関わったことのある活動家である。こうした研修は維権活動家たちが交流を通して、横のつながりを広げる機会ともなった。

公盟の活動に対し、中国政府は警戒を強めた。二〇〇九年七月、公盟がイェール大学から巨額の寄付金を受け取ったが、申告と納税を行わなかったことを理由に、公盟の法人資格を取り消し、設立者の許志永を一時拘束した。国内外では、許志永の釈放を求める活動が展開された。二〇一〇年三月、釈放された許志永はほかの人権弁護士らと一緒に、民主化、法治、社会正義の推進を目的とする「公民」という新しいNGOを立ち上げた。

自由の空間をめぐる「闘い」

政府がマスメディアをコントロールし、暴力装置をもつ中で、民主化勢力は民主化の道義性を強くアピールし、国民、世論から強い支持を調達するしかない。それに対して、中国政府は反体制活動家を厳罰に処すと同時に、結社の自由を厳しく制限し、マスメディアを統制下に置いて情報をコントロールすることによって、反体制活動家による大衆動員や世論動員の可能性を封じ込めてきた。こうした結社や報道の自由に対する厳しい統制が、いままで民主化活動がなかなか広がらない理由であった。

近年、リベラルな知識人や反体制活動家は維権を旗に掲げ、自由と権利の保障を強く要求すると同時に、インターネットを動員手段とし、互いに連携、協調を図りながら、国内外世論の支持を調達することで、政府から譲歩を引き出そうとしている。中国政府が開明的なイメージを確立したいという状況下では、こうした戦い方は一定の効果を上げている。

たとえば、『氷点』は『中国青年報』(青年団中央の機関紙)が発行している週刊紙であり、その調査報道、言論、論評等に対する読者の評価が高い。二〇〇六年一月一一日、『氷点』は袁偉時（中山大学教授、歴史学者）の論文を掲載し、義和団事件を「盲目的に外国人および外来文化を排斥する愚かな行為」と批判した。上級機関は同新聞に対し発行停止を命じ、李大同を編集長から解任した。李大同編集長はただちに処分決定に不服を申し立て、インターネットを通して抗議の声明を発表した。

その後、『氷点』発行停止のニュースは、ネットなどを通して世界中を駆け巡った。国内のジャーナリスト、知識人、市民は当局の処分決定を非難し、李大同編集長への応援声明を公表した。海外のメディアも事件を大々的に報道した。国内外の強い反発は早々に当局を妥協に追い込んだ。処分決定の宣告から二週間を経たところで、上層部は方針を変え、李大同編集長、盧躍剛副編集長を新聞研究所へ異動させながらも、三月一日から『氷点』の復刊を認めた。

紆余曲折の道のりが続く

政治的維権活動が一定の成果を勝ち取った事例は、ほかにもある。たとえば、国家新聞出版総署は二〇〇七年に、章詒和の『伶人往事』（建国初期における著名な芸術家たちの物語を通して芸術に対する政治的干渉を描く作品）を含む八点の書籍を問題作品と認定し、出版禁止などの処分を宣告した。章詒和らはインターネットを使い、抗議のキャンペーンを展開した。国内外の批判・抗議の声を前に、国家新聞出版総署は方針を転換せざるをえなかった。

また、医師・高耀潔は、一九九〇年代半ばから血液によるエイズ感染の真相暴露や感染者への救援活動を展開し、国内外で「エイズ防止に最大の貢献をした第一人者」として知られていた。二〇〇八年、高はアメリカのNGOの授賞式に参加する予定であったが、中国政府は高を自宅に軟禁し、出国を阻止しようとした。しかし、NGO関係者やアメリカのクリントン上院議員の働きかけ、国外メディアの批判により、中国政府は最終的に高の訪米を認めた。

国内外から強い支援を得て、政府からの譲歩を引き出すという実績はリベラルな知識人に勇気を与え、その積み重ねが自由の拡大の社会的な基盤を固めることになっている。しかし、政府による個別的な譲歩は必ずしも自由化の大きな前進を意味していない。現在も自由な言動空間をめぐる激しい攻防が繰り広げられている。民主化運動の先頭に立つ反体制活動家は嫌がらせ、尾行、場合によって逮捕、投獄を受けたりしている。

たとえば、二〇〇八年末、三〇〇名以上のリベラルな知識人や反体制活動家たちは「世界人権宣言」六〇周年のタイミングを捉えて、「〇八憲章」を発表し、自由化、民主化、人権の保護を要求した。二〇一〇年、中国政府はリーダー格の劉暁波に対し国家政権転覆扇動罪で懲役一一年の判決を下した。同年一〇月、ノーベル賞委員会は、「中国における基本的人権のために長年、非暴力的な闘いをしてきた」ことを理由に、劉暁波にノーベル平和賞を与えた。しかし、本人はいまでも投獄されており、家族も授賞式への参加が阻止された。

艾未未は芸術家である。彼は四川大地震の際に校舎崩壊の犠牲者名簿を公表し、手抜き工事の責任を追及するように政府に迫ってから、中国政府との政治的対立を深めていった。二〇一一年四月、中国政府は脱税の容疑で二カ月以上にわたり彼を拘束した。釈放された艾未未はなおも政府批判を続けているため、税務当局が一一月に一五二二万元(約一億八〇〇〇万円)の追徴税を課した。艾未未の言動を封じ込めようとする政治的圧力である。

こうして、リベラルな知識人や反体制活動家は憲法や政府の公式見解を根拠に政治的自由と権利の保障を求め、中国政府は体制維持や政治的安定から運動の発生や拡大を阻止しようとする。自由な言動の空間をめぐる闘いは繰り広げられている。個々の事件では反体制活動家はしばしば厳しく弾圧されているが、長いスパンで見る場合、自由な空間が徐々に広がってきているようにも見える。しかし、中間層の多くが民主化支持へと動き出さない限り、中国の民主化運動は苦難に満ちた長い道のりが続くであろう。

おわりに——民主化の展望は開かれるか

開発独裁路線の下で、中国は三〇年以上にわたって年平均九％以上の経済成長を実現してきた。事実上、経済発展最優先の第一段階を通過し、社会政策の強化の第二段階を迎えている。中国政府にとって、第二段階の目標は、持続的な経済発展を図ることと、同時に弱者への支援強化やセーフティネットの構築、利益調整メカニズムの改善によって一党支配体制を維持することである。他方、政府の思惑とは離れて、第二段階の取り組みは民主化の環境づくりに直結し、その成否が中国の民主化のシナリオを大きく左右する。本書の最後に、民主化の「第三の波」の経験を踏まえながら、この問題を考えてみよう。

初期条件の整備状況と民主化のパターン

アメリカの政治学者ハンチントンによれば、民主化の「第三の波」は一九七〇年代の南欧から始まり、東アジア、ソ連・東欧の社会主義国家、南米、アフリカなど世界各地に広がった。二〇〇五年の段階で、世界一九〇カ国のうち、一一九カ国が「民主主義国家」となった。他方、民主化の「コスト」(流血事件の有無、政治混乱の規模や持続期間、法的秩序や経済、国民生活へのマイナス影響）、民主主義体制の「成熟度」（民主主義体制の定着度や人権保障の達成度、政府のガバナンス能力）は、各国で大きく分かれている。

南欧や韓国、台湾などは「軟着陸」（ソフト・ランディング）に成功した事例である。国民は民主化によって幅広い自由と権利を手に入れた。その後、社会の秩序は安定を保ち、経済は成長し続け、国民の生活が引き続き改善の傾向にあった。民主化の直後に、政党も国民も新しいゲームのルールに慣れないために、政局の混乱がしばしば発生し、民主主義政治が未熟さを露呈したが、民主主義に対する人々の信念はほとんど揺るがなかった。また、時間が経つにつれ、民主主義政治は徐々に成熟してきた。南アフリカやブラジルなども「軟着陸」に近い形で民主化に成功したといえよう。

他方、旧ソ連・ロシアやユーゴスラビアは「硬着陸」（ハード・ランディング）の極端な例である。民主化の過程で国家が解体し、政治社会は長期にわたって極度の混乱に陥り、経済はマイナス成長を強いられ、国民の生活は大幅に悪化した。また、そうした危機的状況の下、民主主義諸機構は長らく不安定な運営を強いられた。プーチン時代のロシアは権威主義体制への部分的な「逆戻り」を見せた。また、クーデターなどで民主主義体制が崩壊した例も発生している。

民主化に踏み切る際の「初期条件」の整備状況、民主化の環境づくりがどれぐらい進展しているかが、民主化の「コスト」、つまり「軟着陸」になるか「硬着陸」になるかということや、その後の民主主義体制の「成熟度」に決定的な影響を与えている。ここでいう「初期条件」とは何か。簡単に整理すれば、以下の四つの関連し合う指標となろう。第一は、一人当たりのGDP、産業化や都市化、教育、メディアの発達などに代表される一国の経済社会的な発展水準である。第二は、階層間、地域間、民族間の関係といった社会関係の構造である。第三は、財産権の確立や企業の経営自立性、行政の自立性、法整備の状況に象徴される諸制度の整備である。第四は、国民の政治意識やNGOの発展状況、社会の自治能力、民主化運動の経験が示す市民社会の成熟度である。

民主化の「第三の波」の経験を見る限り、民主化の始まりは必ずしも高い「初期条件」を必要とはしない。貧しい国でも、政治経済などの深刻な危機が発生する場合、民主化は往々にして民衆の不満を結集し、旧体制を打倒する大義名分となる。いわば「追い込まれた民主化」である。しかし、旧体制側の強い抵抗を前に、民主化はしばしば大きな混乱を伴う。それだけでなく、社会の自治能力が低く、生存競争が厳しいため、民主主義体制がなかなか機能しないことが多い。

他方、民主化の「軟着陸」、民主主義体制の定着は、「初期条件」を整えた国々にほぼ限られているといえる。経済の高度化が達成される過程で、貧富の格差が縮小し、中産階級が社会の主流になると、豊かな生活を当たり前のように思い、民主主義や自由を正面から求める人々が増え、「自覚した民主化」の傾向が強くなる。また、生活の余裕が生まれ、参加の能力が向上すると、体制内の改革派と反体制の穏健派が互いに妥協して、民主化が平和的に行われる可能性が高くなる。さらに、経済成長や社会保障制度の整備が民主化の前に進んでいるために、民主主義諸機構は比較的良い環境で運営することができる。

中国の民主化はどう進むか

では、中国の民主化は可能であろうか。また、可能な場合、いかなるシナリオが描けるであろうか。「軟着陸」の実現に必要とされる民主化の環境づくり、「初期条件」の整備はどの程度進んでいるであろうか。

本書で繰り返したように、中国では、市場化やグローバル化、情報化、自由化が進み、政治社会はダイナミックな変化を遂げつつある。その中で、中国政府は一党支配を維持するためにも、絶えず時代の流れに沿い、制度改革を進めていかなければならない。中長期的に見る場合、問題は、中国の民主化運動がこれから起きるか否かということではない。それがいかなるタイミング、どのような環境下で発生するのか、成功する場合、「軟着陸」と「硬着陸」のどちらになるかが大きく問われているのである。

まず、一九八九年の天安門事件の当時と比べれば、民主化の「初期条件」の整備は大きく進展している。一人当たりのGDPは二〇一一年に五〇〇〇ドルを超え、中所得国の水準に達している。中間層は社会の主流にはまだなっていないが、急速に台頭しつつある。教育水準が向上し、情報化も進んでいる。「草の根」NGOや「公共知識人」に代表される市民社会が形成過程に入っている。市場経済化や自由化によって、人々の自立性も向上している。制度化が進み、政府のガバナンス能力も向上している。

しかし、「初期条件」の整備は不十分な点も多い。中国の経済水準はいまだに中所得国の初期段階にとどまっており、しかも、階層間、都市・農村間、地域間、民族間での貧富の格差が大きく、利害調整のメカニズムが確立されていない。政治権力と資本の癒着が深刻であり、役人の特権が目に余る。政治的不信感が強く、社会的対立も激しい。期待と現実との大きなギャップ、社会の不条理が存在する中で、相対的剝奪感や政治的不満が強まっており、また政府の求心力も徐々に低下している。

こうした環境のままでは、中国の民主化が「軟着陸」に成功し、また民主主義諸機構が機能するという確証はあまり得られないといえよう。弱者の大多数は民主化よりも、自らの経済的利益を中心に異議申し立てを行い、また場合によって暴力的手段を使う。中間層は民主主義を求めながらも、秩序の混乱を恐れて民主化への支持に踏み切れないでいる。政府側は政治改革を主張しているが、体制や特権を守るという立場から、あらゆる手段で下からの民主化要求を抑圧しようとしている。

したがって「硬着陸」の危険性はいまだに残っている。これまでの急速な経済成長が、社会の矛盾や政治的不満を緩和し、社会をかろうじて安定化させていると言ってもよい。だが、経済成長には落とし穴が存在する。近代化の第二段階があまり進まない段階で、大きな経済危機が起きた場合、弱者の支援や社会保障制度の整備に必要とされる前提条件が崩れ、失業や貧困などの問題が深刻化し、民主化運動は社会的不満を吸収する形で大きく盛り上がってくる可能性がある。それは、中国政府だけでなく、中間層も一番恐れているシナリオであろう。

こうして見てくると、中国の経済成長戦略と民主化のシナリオとは密接な関わりをもつ。経済の失速が早ければ早いほど、「初期条件」の整備が不十分のため、いわば「追い込まれた民主化」となる可能性が高い。しかしながら、先にみたように、これまでの発展成果の蓄積もあるため、かりに「追い込まれた民主化」になったとしても、中国はすでに旧ソ連・ロシアがたどったような大きな混乱を生む「硬着陸」を避けられるであろう。

他方、「軟着陸」のシナリオは、中国の近代化の第二段階が次のような形で順調に進展することを前提とする。第一に、中国経済が景気の循環を経験しながらも、先進国並みの水準に達するまで急速な成長を保つ。第二に、国力の向上を背景に、中国政府が社会保障制度の整備や公共サービスの充実に力を入れ、弱者を支援し、階層間、地域間、民族間の社会的亀裂が縮小してくる。第三に、上からの政治改革によって、緩やかな自由化が引き続き拡大し、国家制度の整備が進み、利害調整のメカニズムを確立する。第四に、中間層が社会の主流になり、市民社会が成長する。

もちろん、こうした理想的な「初期条件」を整えるには、長い時間がかかるであろうが、これらすべてが揃わない限り、民主化、または民主化の「軟着陸」が不可能というわけではない。また、シンガポールの例が示したように、「初期条件」を整えていても、民主化運動という市民社会からの仕掛けがなければ、民主主義体制は生まれてこないであろうが、巨大国家の中国は政治的矛盾と社会的対立が多く存在し、「紛争解決の手段」としての民主化がしばしば市民社会から提起されている。民主化の要求が広範な支持を得て盛り上がってくるのは、きっかけの問題である。国家と社会との力のバランスが、市民社会に有利な方向でさらなる変化を遂げていくことであろう。

あとがき

改革開放時代の三〇年余り、中国社会はダイナミックな変化を遂げつつ、なおかつ大転換期の真っただ中にある。中国はいかなる道を辿って、今日のような社会に変わってきたのか。人々は何を求め、未来へと向かおうとしているのか。政治学の分析方法を使って本書を書き進める中、筆者は自分の生活体験を幾度も想い起していた。

筆者の故郷・紹興は豊かな江南地域に属し、文化の地としても知られている。しかし、毛沢東時代には、貧困の影が人々の生活にのしかかり、救済を待つ農民が大勢いた。そうした農村生まれということもあり、小学校に自分の椅子がなかったため、しばらくは、近所の級友とともにベンチを家から教室まで運ばなければならなかった。教員には民弁教師(中卒や高卒の地元農民)が多く、国語の勉強は毛沢東語録の書き写しから始まった。周りに書物があまりなく、『毛沢東選集』を乱読した記憶がある。

一九七六年九月、毛沢東が死去し、中国政治は転機を迎えた。鄧小平は一九七七年に復活した直後に教育の指導を担当し、大学入試制度の復活を指示した。それによって、学校はふたたび学校らしくなり、学生たちは徐々に緊張感を高め、勉強に力を入れ始めた。また、鄧小平は一九七八年末の一一期三中全会で政治的主導権を確立すると、階級闘争中心論と決別し、国民のエネルギーを近代化の建設に向かわせようとした。筆者は一九七九年秋に北京大学国際政治系に入学し、新しい時代の空気を吸いながら、政治学を学び、近代化政治の展開を観察してきた。

改革開放時代の初期、政治指導者も知識人も中国が諸外国から大幅に遅れているという「後進意識」を強くもち、社会主義建設の挫折を反省しながら、懸命に先進国から優れたものを学び取ろうとした。政府は特に科学技術の発展を強調したが、知識人や大学生たちは自由化、民主化も求め始めた。筆者が入学した時、「北京の春」はすでに取り締まりを受けていたが、その前後に発行された民間刊行物はまだ北京大学の大食堂の壁を埋め尽くしていた。一九八〇年の人民代表の選挙では、数多くの大学生が進んで立候補し、鋭い政治批判を展開し、政治の理想を熱く語っていた。立候補者の講演を聞く人々は講堂の廊下や床までを埋め尽くした。

政治への関心は今よりもはるかに強い時代であった。中国の大学は全寮制である。夜、自習室から宿舎に戻っても、時事問題がよく級友や室友たちの話題となった。学生の抗議活動は何度も発生した。筆者が北京で最後に経験したのは、一九八六年末から始まった学生運動であった。一九八七年元旦、北京の大学生たちは前日の夜に続き、警察との押し合いをしながら、天安門広場とその周辺でデモ行進を行った。経済的近代化のほか、自由、民主主義を理想とし、中国を変えて行こうとする知識人や大学生たちの強い願望は、のちに一九八九年春の民主化運動へとつながっていった。

一九八九年の天安門事件以降、中国はしばらく暗いムードに包まれていた。その中で、鄧小平は一九九二年の春に南方視察を行い、ふたたび中国を改革開放、経済成長の軌道に乗せた。改革開放時代の政治にとって、それは大きな転換点の一つであった。その後も政治の対立や政策の論争はなくならないが、漸進的な改革のアプローチは権力内外から強い支持を得て、ほぼ二〇年続いている。人々は関心を政治からビジネスに移し、経済的成功や生活の向上にエネルギーを注ぐことになる。大学生の政治離れが進み、民主化運動はいっこうに盛り上がってこない。

こうして、一党支配と経済成長が併存する中で、「民主化の中国例外論」「中国異質論」がしばしば提起される。しかし、政治的規制や弾圧は自由化のスピードを遅らせることができても、その流れを止めることはもはやできない。大学院生になり、やっと閲覧室で台湾や外国の新聞を閲覧できた筆者にとっては、インターネットの普及に代表される情報化の進展はまさに革命的な前進である。役人はしばしばリベラルな知識人を政治学習会に招き、鋭い批判に共鳴するほど、言論の自由も実質的に進んでいる。民衆はかつてほど従順でなく、しばしば抗議活動を起こしている。時代が変わり、共産党も常に自己改革を行わなければならなくなっている。

留学をきっかけに、筆者は一九八七年秋から研究や生活の場を日本に移した。アジアではいち早く近代化に成功した日本は、社会科学の研究蓄積が多く、諸外国に関する情報も豊富であった。こうした研究環境に恵まれて、筆者は政治研究の方法論を学び、研究の視野を広げ、そして一定の距離を置いて中国の現代政治を考えることができた。また、日本政治を間近で観察することは、政治制度や政治運営、民主主義の諸条件などを考えるうえで、比較研究の素材、思考の座標軸を得ることにつながった。

二〇〇一年、筆者は『変貌する中国政治』(東京大学出版会)を出版した。実証分析の手法で中国政治の「積極的な変化」を取りあげ、上からの政治改革が小さな成果を積み重ねて、自由化が紆余曲折の道を辿りながら、拡大しつつあることを分析した。現在でも、こうした政治的流れが続いている。近年、筆者は引き続き政治変動の最新動向を追いながら、近代化の比較分析の枠組みで中国の政治権力構造や政治変動のダイナミズムを捉えてみようと考え、研究の作業を進めてきた。昨二〇一一年、『中国は、いま』(国分良成編、岩波新書)への寄稿をきっかけに、本書の執筆のお誘いを頂戴し、出版の運びとなった。

筆者の研究生活は、多くの方々から一方ならぬお世話になった。北京大学の恩師の故趙宝煦先生と李景鵬先生、慶應義塾大学の恩師の山田辰雄先生には公私にわたってお世話になり、御礼を申し上げたい。毛里和子先生（早稲田大学名誉教授）には、以前から比較研究の問題提起を頂いた。また、名前を挙げないが、学会や研究会などで大勢の方々のお世話になった。

早稲田大学は自由かつ良好な研究環境を与えて下さった。同僚の先生方、事務の方々に感謝の意を表したい。ゼミ生の皆さんにはドラフトを読み、有益なコメントと感想を寄せてもらった。図表の作成は大学院生の張帆君から協力を得た。

岩波書店編集部の小田野耕明氏には心から感謝の意を述べたい。本書が今のような形で出版されるのは、氏のプロッショナルな編集能力と献身的な協力のおかげである。

最後に、いつも傍らで私を支えてくれている妻・余志紅、娘・馨に本書を捧げたい。

二〇一二年五月

唐　亮

参考文献一覧

中国の政治体制(主として本書の第一章・第二章)

天児慧『中国　溶変する社会主義大国』東京大学出版会、一九九二年
唐亮『現代中国の党政関係』慶應義塾大学出版会、一九九七年
趙宏偉『中国の重層集権体制と経済発展』東京大学出版会、一九九八年
矢吹晋『中国の権力システム』平凡社新書、二〇〇〇年
加茂具樹『現代中国政治と人民代表大会』慶應義塾大学出版会、二〇〇六年
三宅康之『中国・改革開放の政治経済学』ミネルヴァ書房、二〇〇六年
木間正道・鈴木賢・高見澤磨・宇田川幸則『現代中国法入門』第五版、有斐閣、二〇〇九年
高見澤磨・鈴木賢『中国にとって法とは何か』岩波書店、二〇一〇年
西村成雄・国分良成『党と国家――政治体制の軌跡』岩波書店、二〇一〇年
菱田雅晴編『中国共産党のサバイバル戦略』三和書籍、二〇一二年
毛里和子『現代中国政治』第三版、名古屋大学出版会、二〇一二年
陸学芸主編『当代中国社会階層研究報告』社会科学文献出版社(中国)、二〇〇二年
蔡定剣『中国人民代表大会制度』第四版、法律出版社(中国)、二〇〇三年

改革開放路線の推進と政治社会の変動（主として本書の第三章〜第五章）

馬立誠・凌志軍（伏見茂訳）『交鋒——改革・開放をめぐる党内闘争の内幕』中央公論新社、一九九九年
毛里和子編『現代中国の構造変動——大国中国への視座』東京大学出版会、二〇〇〇年
天児慧編『現代中国の構造変動——中央と地方の構図』東京大学出版会、二〇〇〇年
菱田雅晴編『現代中国の構造変動——国家との共棲関係』東京大学出版会、二〇〇〇年
唐亮『変貌する中国政治』東京大学出版会、二〇〇一年
厳善平『農民国家の課題』名古屋大学出版会、二〇〇二年
李妍焱編著『台頭する中国の草の根NGO』恒星社厚生閣、二〇〇八年
園田茂人『不平等国家 中国』中公新書、二〇〇八年
趙紫陽（河野純治訳）『趙紫陽 極秘回想録——天安門事件「大弾圧」の舞台裏』光文社、二〇一〇年
劉暁波（劉燕子編、横澤泰夫他訳）『天安門事件から「08憲章」へ』藤原書店、二〇〇九年
国分良成編『中国は、いま』岩波新書、二〇一一年
遠藤誉『ネット大国中国——言論をめぐる攻防』岩波新書、二〇一一年
呉国光『趙紫陽与政治改革』香港太平洋世紀研究所（香港）、二〇〇一年
鄧力群『鄧力群自述——十二個春秋一九七五—一九八七』大風出版社（香港）、二〇〇六年

Bruce J. Dickson, *Red Capitalists in China : The Party, Private Entrepreneurs, and Prospects for Political Change*, Cambridge University Press, 2003.
Lily L. Tsai, *Accountability Without Democracy : Solidary Groups and Public Goods Provision in Rural China*, Cambridge University Press, 2007.
Kevin J. O'Brien, ed., *Popular Protest in China*, Harvard University Press, 2009.
Bruce Gilley, Larry Diamond, eds., *Political Change in China : Comparisons with Taiwan*, Lynne Rienner Pub, 2008.
Guobin Yang, *The Power of the Internet in China : Citizen Activism Online*, Columbia University Press, 2011.

権威主義体制と開発独裁路線

Ｊ・Ｊ・リンス（睦月規子他訳）『全体主義体制と権威主義体制』法律文化社、一九九五年
高橋進『国際政治史の理論』岩波現代文庫、二〇〇八年
岩崎育夫『開発と政治――ＡＳＥＡＮ諸国の開発体制』アジア経済研究所、一九九四年
岩崎育夫編『アジアと市民社会――国家と社会の政治力学』アジア経済研究所、一九九八年
岩崎育夫『アジア政治とは何か――開発・民主化・民主主義再考』中公叢書、二〇〇九年
末廣昭『キャッチアップ型工業化論』名古屋大学出版会、二〇〇〇年

サミュエル・ハンチントン（内山秀夫訳）『変革期社会の政治秩序』上・下、サイマル出版会、一九七二年
Steven Levitsky, Lucan A. Way, *Competitive Authoritarianism : Hybrid Regimes After the Cold War*, Cambridge University Press, 2010.

民主化の理論研究

シーモア・マーティン・リプセット（内山秀夫訳）『政治のなかの人間』東京創元新社、一九六三年
ガブリエル・A・アーモンド、シドニー・ヴァーバ（石川一雄他訳）『現代市民の政治文化』勁草書房、一九七四年
ロバート・A・ダール（高畠通敏・前田脩訳）『ポリアーキー』三一書房、一九八一年
ギジェルモ・オドンネル、フィリップ・シュミッター（真柄秀子・井戸正伸訳）『民主化の比較政治学——権威主義支配以後の政治社会』未来社、一九八六年
サミュエル・ハンチントン（坪郷實他訳）『第三の波——二〇世紀後半の民主化』三嶺書房、一九九五年
アダム・プシェヴォルスキ編（内山秀夫訳）『サステナブル・デモクラシー』日本経済評論社、一九九九年
J・J・リンス、アルフレッド・ステパン（荒井祐介他訳）『民主化の理論——民主主義への移行と定

着の課題』一藝社、二〇〇五年
シドニー・タロー(大畑裕嗣訳)『社会運動の力―集合行為の比較社会学』彩流社、二〇〇六年
田村哲樹『熟議の理由―民主主義の政治理論』勁草書房、二〇〇八年
ジェイムズ・S・フィシュキン(岩木貴子訳)『人々の声が響き合うとき―熟議空間と民主主義』早川書房、二〇一一年

民主化の実証分析

末廣昭『タイ　開発と民主主義』岩波新書、一九九三年
川原彰編『ポスト共産主義の政治学』三嶺書房、一九九三年
萩原宜之編『民主化と経済発展』東京大学出版会、一九九四年
武田康裕『民主化の比較政治』ミネルヴァ書房、二〇〇一年
竹中治堅『戦前日本における民主化の挫折』木鐸社、二〇〇二年
恒川惠市編『民主主義アイデンティティ』早稲田大学出版部、二〇〇六年
鳥居高編『マハティール政権下のマレーシア』アジア経済研究所、二〇〇六年
ポール・コリアー(中谷和男訳)『最底辺の一〇億人』日経BP社、二〇〇八年
アーチー・ブラウン(小泉直美・角田安正訳)『ゴルバチョフ・ファクター』藤原書店、二〇〇八年
末廣昭『タイ　中進国の模索』岩波新書、二〇〇九年

増原綾子『スハルト体制のインドネシア』東京大学出版会、二〇一〇年
中兼和津次『体制移行の政治経済学』名古屋大学出版会、二〇一〇年
盛田常夫『ポスト社会主義の政治経済学』日本評論社、二〇一〇年
ポール・コリアー(甘粕智子訳)『民主主義がアフリカ経済を殺す』日経BP社、二〇一〇年
平野克己『南アフリカの衝撃』日本経済新聞出版社、二〇〇九年
Michael McFaul, *Russia's Unfinished Revolution : Political Change from Gorbachev to Putin*, Cornell University Press, 2002.

唐　亮

1963年中国浙江省生まれ
1986年北京大学修士課程(政治学専攻)修了
1993年慶應義塾大学博士課程(政治学)修了
現在―早稲田大学政治経済学術院教授
専攻―現代中国政治
著書―『現代中国の党政関係』(慶應義塾大学出版会，第19回発展途上国研究奨励賞)
『変貌する中国政治――漸進路線と民主化』(東京大学出版会，第18回大平正芳記念賞)
『中国は、いま』(共著，岩波新書)ほか

現代中国の政治
――「開発独裁」とそのゆくえ　　岩波新書(新赤版)1371

2012年6月20日　第1刷発行

著　者　唐《とう》　亮《りょう》

発行者　山口昭男

発行所　株式会社　岩波書店
〒101-8002 東京都千代田区一ツ橋2-5-5
案内 03-5210-4000　販売部 03-5210-4111
http://www.iwanami.co.jp/

新書編集部 03-5210-4054
http://www.iwanamishinsho.com/

印刷・三秀舎　カバー・半七印刷　製本・牧製本

ISBN 978-4-00-431371-7　　Printed in Japan

岩波新書新赤版一〇〇〇点に際して

ひとつの時代が終わったと言われて久しい。だが、その先にいかなる時代を展望するのか、私たちはその輪郭すら描きえていない。二〇世紀から持ち越した課題の多くは、未だ解決の緒を見つけることのできないままであり、二一世紀が新たに招きよせた問題も少なくない。グローバル資本主義の浸透、憎悪の連鎖、暴力の応酬——世界は混沌として深い不安の只中にある。

現代社会においては変化が常態となり、速さと新しさに絶対的な価値が与えられた。消費社会の深化と情報技術の革命は、種々の境界を無くし、人々の生活やコミュニケーションの様式を根底から変容させてきた。ライフスタイルは多様化し、一面では個人の生き方をそれぞれが選びとる時代が始まっている。同時に、新たな格差が生まれ、様々な次元での亀裂や分断が深まっている。社会や歴史に対する意識が揺らぎ、普遍的な理念に対する根本的な懐疑や、現実を変えることへの無力感がひそかに根を張りつつある。そして生きることに誰もが困難を覚える時代が到来している。

しかし、日常生活のそれぞれの場で、自由と民主主義を獲得し実践することを通じて、私たち自身がそうした閉塞を乗り超え、希望の時代の幕開けを告げてゆくことは不可能ではあるまい。そのために、いま求められていること——それは、個と個の間で開かれた対話を積み重ねながら、人間らしく生きることの条件について一人ひとりが粘り強く思考することではないか。その営みの糧となるものが、教養に外ならないと私たちは考える。歴史とは何か、よく生きるとはいかなることか、世界そして人間はどこへ向かうべきなのか——こうした根源的な問いとの格闘が、文化と知の厚みを作り出し、個人と社会を支える基盤としての教養となった。まさにそのような教養への道案内こそ、岩波新書が創刊以来、追求してきたことである。

岩波新書は、日中戦争下の一九三八年一一月に赤版として創刊された。創刊の辞は、道義の精神に則らない日本の行動を憂慮し、批判的精神と良心的行動の欠如を戒めつつ、現代人の現代的教養を刊行の目的とする、と謳っている。以後、青版、黄版、新赤版と装いを改めながら、合計二五〇〇点余りを世に問うてきた。そして、いままた新赤版が一〇〇〇点を迎えたのを機に、人間の理性と良心への信頼を再確認し、それに裏打ちされた文化を培っていく決意を込めて、新しい装丁のもとに再出発したいと思う。一冊一冊から吹き出す新風が一人でも多くの読者の許に届くこと、そして希望ある時代への想像力を豊かにかき立てることを切に願う。

（二〇〇六年四月）